学生语文课程
同步阅读书系

C L A S S I C L I T E R A T U R E

学生语文课程
同步阅读书系

C L A S S I C　L I T E R A T U R E

学 生 语 文 课 程 同 步 阅 读 书 系

语文名师杨亚军精评

呐喊

[中国]鲁迅/著　杨亚军/评

开明出版社

图书在版编目（CIP）数据

语文名师杨亚军精评．呐喊／鲁迅著；杨亚军评．
—北京：开明出版社，2018.8（2023.3重印）
ISBN 978-7-5131-4563-3

Ⅰ．①语… Ⅱ．①鲁… ②杨… Ⅲ．①阅读课—中学
—课外读物 Ⅳ．①G634.333

中国版本图书馆CIP数据核字（2018）第103191号

语文名师杨亚军精评
呐喊
YUWEN MINGSHI YANG YAJUN JINGPING NAHAN

作　　者　［中国］鲁迅
评　　者　杨亚军
责任编辑　王　拓
出　　版　开明出版社（北京海淀区西三环北路25号 邮编 100089）
经　　销　全国新华书店
印　　刷　水印书香（唐山）印刷有限公司
装　　订　水印书香（唐山）印刷有限公司
开　　本　720mm×975mm　1/16
印　　张　8
字　　数　130千字
版　　次　2018年8月第1版
印　　次　2023年3月第5次印刷
定　　价　16.80元

总序

Preface

2017年9月，全国各地中小学生首次使用“部编义务教育语文教科书”，简称为“统编本”或“部编本”语文教材。依据教育部要求，全新出版的教育部“统编本”语文教材，将逐步取代此前使用的各种版本的语文教材，成为全国中小学生统一使用的语文教材。

“学生语文课程同步阅读书系”正是根据语文教材所指定的阅读书目编写而成，是为中小学生量身打造的，且与语文教材同步阅读、学习、使用的配套读物。这套丛书的编选有如下特点：

1.名师精评，版本权威

本丛书邀请常年战斗在一线的语文名师根据教学及考试要求，对原著进行导读、批注、赏析，并提炼考点、延伸思考，在帮助学生提高文学作品欣赏能力的同时，进行高效、实用的名著备考；更选用权威版本、名家译稿、专家注释。

2.足本无删，原汁原味

本系列尽可能选用足本原文，不删减、不改写，力求表现经典名著的本来风貌，有助于读者体味和享受作品的原汁原味。

3.全批全注，轻松阅读

本系列在原文之外，增设有导读、赏析、批注、注释和知识拓展。其导读精要，赏析深刻，批注点睛，注释详尽，拓展到位，帮助读者扫除阅读障碍，补充背景知识，轻松享受名著阅读的快乐。

4.创新体例，全新编写

全书前后设计有“阅读规划”“阅读导航”“延伸阅读”“真题演练”等栏目，帮助学生在阅读之前，进行知识铺垫，规划阅读进程；在阅读之中，扫除疑难障碍，提高阅读效率；在阅读之后，深度思考，抓住要点，并通过读—练—考的积累与演练，彻底解决名著复习备考的难题。

凡例

Example

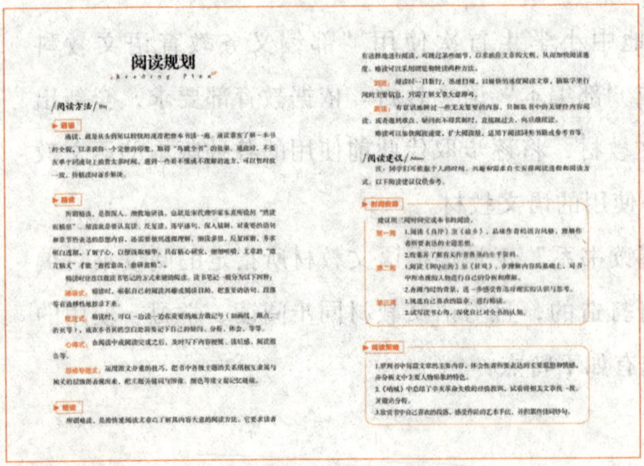
阅读规划

▲阅读规划

阅读方法\ 帮助你了解和掌握各种阅读方法，提高阅读力。

时间安排\ 帮助你合理安排阅读时间，逐步推进阅读进程。

阅读策略\ 实用的阅读操作示范告诉你"怎么读"更高效。

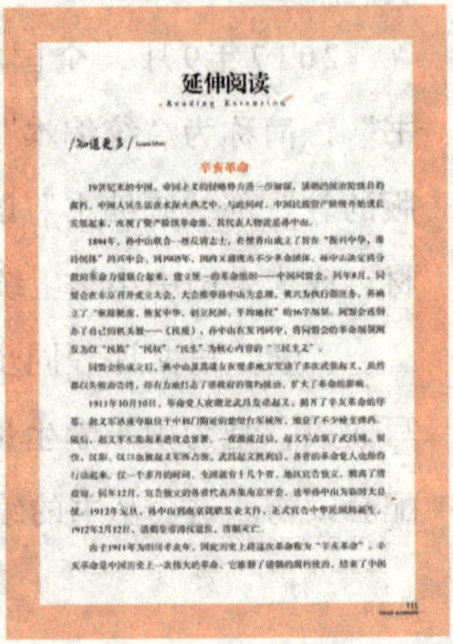
延伸阅读

▲延伸阅读

将阅读视野拓展、延伸到文本的相关领域，丰富文学知识，积累写作素材，记录阅读心得。

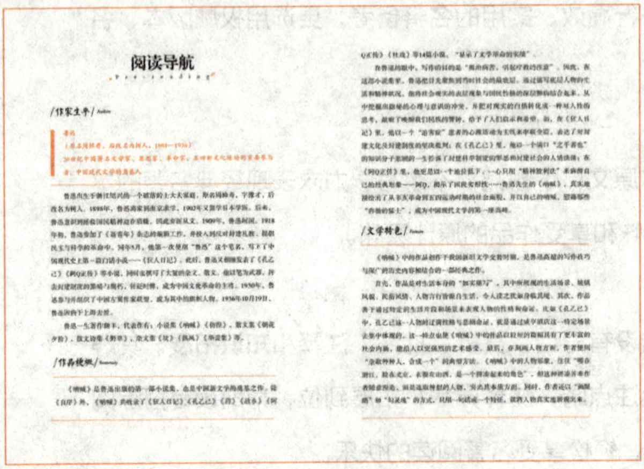
阅读导航

▲阅读导航

作家生平\ 走近作家，了解其人生历程及代表作品。

作品梗概\ 快速了解内容全貌，掌握脉络纲要和主题意蕴。

文学特色\ 挖掘作品深刻的文学价值，帮助你更好地理解作品。

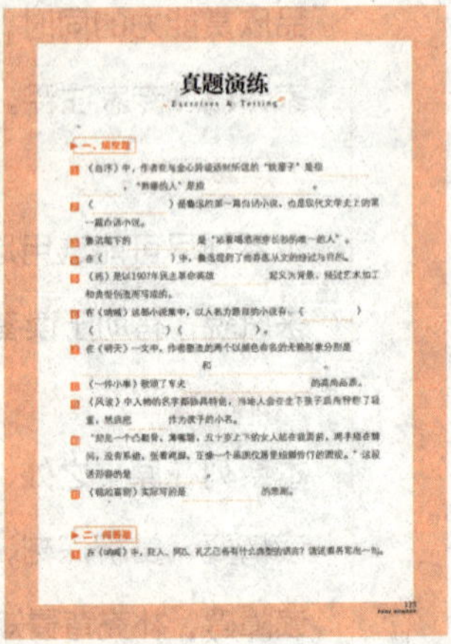
真题演练

▲真题演练

考查阅读能力，巩固阅读成果。

阿Q正传 [精读]

名师/导读 Reading

＊国民劣根性是鲁迅先生一生都在探究的核心问题，而他手中的笔便是他解剖国人灵魂的手术刀，将国民在民族精神方面的消极特征——深刻彻底地暴露在读者面前。《阿Q正传》正是一场国民劣根性的总展览，是鲁迅先生将妄自尊大、自轻自贱、排外守旧、麻木愚昧、奴颜媚骨、投机钻营等“沉默的国民的魂灵”画出之后，为疗救这样病态的国民而发出的沉痛呐喊。

第一章　序

我要给阿Q做正传，已经不止一两年了。但一面要做，一面又往回想，这足见我不是一个“立言”①的人，因为从来不朽之笔，须传不朽之人，于是人以文传，文以人传——究竟……的不甚了然起来，而终于归结到传阿Q，仿佛思想……

然而要做这一篇速朽的文章，才下笔，便……了。第一是文章的名目。[1]孔子曰，“名不正则……是应该极注意的。传的名目很繁多：列传，自传……别传，家传，小传……，而可惜都不合。“列传……

名师批注

[1]将前文的“不朽”巧……

① “立言”：即著书立说，是我国古代所谓的“三不朽”（即“立……之一，出自《左传》。

名师导读
引导你快速了解章节内容，提高阅读兴趣。

名师批注
帮助你发现生花妙笔，品读文脉精华。

名师赏析
帮助你读懂章节内容，领悟思想要旨。

语文名师杨亚军精评 · 呐喊 ·

名师/赏析 Learning

悲苦的故事可能会迎来喜剧的结局，同样，充斥着欢乐笑声的情节也可能酝酿着前所未有的悲剧。《孔乙己》无疑是后者。从小说的叙述中我们可以很明显地看出，除孔乙己外，小说中几乎所有的人都是喜悦的——他们在孔乙己的身上得到了愉悦。孔乙己迂腐、麻木的病态性格，“是这样的使人快活”，以致使这小小的咸亨酒店常常“众人都哄笑起来”“店内外充满了快活的空气”。但这个“制造快乐”的孔乙己的命运是悲惨的，他从别人的“笑”声中迂腐地登场，最后又在咸亨酒店众人的笑声中悲惨地死去。作者通过这贯穿全文的笑声，表达了对封建教育和封建科举制度的无情批判。

延伸/思考 Thinking

1.文中作者两次描写了孔乙己的外貌，这两次描写有什么不同？作者的情感态度分别是怎样的？
2.孔乙己教“我”写“茴”字和给孩子们吃茴香豆体现了他怎样的性格特征？
3.结合全文，说一说孔乙己的悲剧命运是什么造成的。
4.请你根据孔乙己的遭遇和经历为本文续写一个结尾。

知识/拓展 Studying

《附记》

《孔乙己》一文最初是在1919年4月《新青年》第六卷第四号上发表的。当时，篇末有作者写的《附记》，内容如下：“这一篇很拙的小说，还是去年冬天做成的。那时的意思，单在描写社会上的或一种生活，请读者看看，并没有别的深意。但用活字排印了发表，却已在这时候，——便是忽然有人用了小说盛行人身攻击的时候。大抵著者走入暗路，每每能引读者的思想跟他堕落：以为小说是一种泼秽水的器具，里面糟蹋的是谁。这实在是一件极可叹可怜的事。所以我在此声明，免得发生猜度，害了读者的人格。一九一九年三月二十六日记。”

注释
帮助你疏通疑难字词，更好地理解原文。

延伸思考
帮助你熟读精思，发散思维。

知识拓展
了解相关知识，拓展阅读视野。

阅读规划

*Reading Plan

/阅读方法/ Way

▶ 通读

通读，就是从头到尾以较快的速度把整本书读一遍。通读重在了解一本书的全貌，以求获得一个完整的印象，取得“鸟瞰全书”的效果。通读时，不要在单个词或句上浪费太多时间，遇到一些看不懂或不理解的地方，可以暂时放一放，待精读时逐步解决。

▶ 精读

所谓精读，是指深入、细致地研读，也就是宋代理学家朱熹所说的“熟读而精思”。精读就是要认真读、反复读，逐字逐句，深入钻研。对重要的语句和章节所表达的思想内容，还需要做到透彻理解，细读多思，反复琢磨，务求明白透彻，了解于心，以便汲取精华。只有精心研究，细细咀嚼，文章的“微言精义”才能“愈挖愈出，愈研愈精”。

精读时往往以做读书笔记的方式来辅助阅读。读书笔记一般分为以下四种：

摘录式：精读时，根据自己的阅读兴趣或阅读目的，把重要的语句、段落等有选择性地抄录下来。

批注式：精读时，可以一边读一边在重要的地方做记号（如画线、圈点、折页等），或在本书页的空白处简要记下自己的疑问、分析、体会，等等。

心得式：在阅读中或阅读完成之后，及时写下内容梗概、读后感、阅读报告等。

思维导图式：运用图文并重的技巧，把书中各级主题的关系用相互隶属与相关的层级图表现出来，把主题关键词与图像、颜色等建立起记忆链接。

▶ 略读

所谓略读，是指快速阅读文章以了解其内容大意的阅读方法。它要求读者有选择地进行阅读，可跳过某些细节，以求抓住文章的大概，从而加快阅读速度。略读可以采用浏览和跳读两种方法。

浏览：阅读时一目数行，迅速扫视，以极快的速度阅读文章，摘取字里行间的主要信息，只需了解文章大意即可。

跳读：有意识地跳过一些无关紧要的内容，只撷取书中的关键性内容阅读。或者遇到难点、疑问而不得其解时，直接跳过去，向后继续读。

略读可以加快阅读速度，扩大阅读量，适用于阅读同类书籍或参考书等。

/阅读建议/ Advice

注：同学们可依据个人的时间、兴趣和需求自主安排阅读进程和阅读方式。以下阅读建议仅供参考。

时间安排

建议用三周时间完成本书的阅读。

第一周　1.阅读《自序》至《故乡》，品味作者的语言风格，理解作者所要表达的主题思想。

2.收集并了解有关作者鲁迅的生平资料。

第二周　1.阅读《阿Q正传》至《社戏》，在理解内容的基础上，对书中所出现的人物进行自己的分析和理解。

2.查阅当时的背景，进一步感受鲁迅对现实的认识与思考。

第三周　1.挑选自己喜欢的篇章，进行精读。

2.试写读书心得，深化自己对全书的认知。

阅读策略

1.罗列书中每篇文章的主要内容，体会作者所要表达的主要思想和情感，并分析文中主要人物形象的特色。

2.《呐喊》中总结了辛亥革命失败的经验教训，试着将相关文章找一找，并做出分析。

3.欣赏书中自己喜欢的段落，感受作品的艺术手法，并积累些佳词妙句。

阅读导航

Pre-reading

/作家生平/ Author

鲁迅

（原名周樟寿，后改名为树人，1881—1936）

20世纪中国著名文学家、思想家、革命家，五四新文化运动的重要参与者，中国现代文学的奠基人

鲁迅出生于浙江绍兴的一个破落的士大夫家庭，原名周樟寿，字豫才，后改名为树人。1898年，鲁迅离家到南京求学，1902年又留学日本学医。后来，鲁迅意识到拯救国民精神迫在眉睫，因此弃医从文。1909年，鲁迅回国。1918年初，鲁迅参加了《新青年》杂志的编辑工作，并投入到反对封建礼教、提倡民主与科学的革命中。同年5月，他第一次使用“鲁迅”这个笔名，写下了中国现代史上第一篇白话小说——《狂人日记》。此后，鲁迅又相继发表了《孔乙己》《阿Q正传》等小说，同时也撰写了大量的杂文、散文。他以笔为武器，抨击封建制度的黑暗与腐朽，针砭时弊，成为中国文化革命的主将。1930年，鲁迅参与并组织了中国左翼作家联盟，成为其中的旗帜人物。1936年10月19日，鲁迅因病于上海去世。

鲁迅一生著作颇丰，代表作有：小说集《呐喊》《彷徨》，散文集《朝花夕拾》，散文诗集《野草》，杂文集《坟》《热风》《华盖集》等。

/作品梗概/ Summary

《呐喊》是鲁迅出版的第一部小说集，也是中国新文学的奠基之作。除《自序》外，《呐喊》共收录了《狂人日记》《孔乙己》《药》《故乡》《阿

Q正传》《社戏》等14篇小说，“显示了文学革命的实绩”。

在鲁迅的眼中，写作的目的是“揭出病苦，引起疗救的注意”。因此，在这部小说集里，鲁迅把目光聚焦到当时社会的最底层。通过描写底层人物的生活和精神状况，他将社会现实的表层现象与国民性格的深层弊病结合起来，从中挖掘出隐秘的心理与意识的冲突，并把对现实的白描转化成一种对人性的思考，敲响了唤醒我们民族的警钟，给予了人们启示和希望。如，在《狂人日记》里，他以一个“迫害症”患者的心理活动为主线来串联全篇，表达了对封建文化及封建制度的坚决批判；在《孔乙己》里，他以一个满口“之乎者也”的知识分子悲剧的一生控诉了封建科举制度的罪恶和封建社会的人情淡薄；在《阿Q正传》里，他更是以一个地位低下、一心只用“精神胜利法”来麻醉自己的经典形象——阿Q，揭示了国民劣根性……鲁迅先生的《呐喊》，真实地描绘出了从辛亥革命到五四运动时期的社会面貌，并以自己的呐喊，慰藉那些“奔驰的猛士”，成为中国现代文学的第一座高峰。

/文学特色/ Feature

《呐喊》中的作品创作于我国新旧文学交替时期，是鲁迅高超的写作技巧与深广的历史内容相结合的一部经典之作。

首先，作品是对生活本身的“如实描写”，其中所展现的生活场景、城镇风貌、民俗风情、人物言行皆源自生活，令人读之犹如身临其境。其次，作品善于通过特定的生活片段和场景来表现人物的性格和命运。比如《孔乙己》中，孔乙己这一人物的迂腐性格与悲剧命运，就是通过咸亨酒店这一特定场景去集中体现的。这一特点也使《呐喊》中的作品以较短的篇幅具有了更丰富的社会内涵，能给人以更强烈的艺术感受。最后，在刻画人物方面，作者使用“杂取种种人，合成一个”的典型方法。《呐喊》中的人物形象，往往“嘴在浙江，脸在北京，衣服在山西，是一个拼凑起来的角色”，但这种拼凑并非作者随意捏造，而是选取神似的人物，突出其本质方面。同时，作者还以“画眼睛”和“勾灵魂”的方式，只用一句话或一个特征，就将人物真实地展现出来。

目录

Contents

自序

名师/导读 Reading

本文是鲁迅为自己的小说集《呐喊》所写的序言。在这篇序言里，鲁迅先生回顾了自己从19世纪末期至“五四运动”时期的生活经历、思想变化及探索救国救民之路的历程，说明了创作《呐喊》的缘由以及自己渴望改变国民精神的创作意图。正是因为本文所具有的独特的写实性和艺术性，使它成为人们了解和研究鲁迅的最重要的资料之一。

我在年青时候也曾经做过许多梦，后来大半忘却了，但自己也并不以为可惜。所谓回忆者，虽说可以使人欢欣，有时也不免使人寂寞，使精神的丝缕还牵着已逝的寂寞的时光，又有什么意味呢，而我偏苦于不能全忘却，这不能全忘的一部分，到现在便成了《呐喊》的来由。

我有四年多，曾经常常，——几乎是每天，出入于质铺和药店里，年纪可是忘却了，总之是药店的柜台正和我一样高，质铺的是比我高一倍，我从一倍高的柜台外送上衣服或首饰去，在侮蔑里接了钱，再到一样高的柜台上给我久病的父亲去买药。

回家之后，又须忙别的事了，因为开方的医生是最有名的，以此所用的药引也奇特：冬天的芦根，经霜三年的甘蔗，蟋蟀要原对的，结子的平地木，……多不是容易办到的东西。然而我的父亲终于日重一日的亡故了。

有谁从小康人家而坠入困顿的么，我以为在这途路中，大概可以看见世人的真面目；我要到N进K学堂[①]去了，仿佛是想走异路，逃异地，去寻求别样的人们。我的母亲没有法，办了八元的川资，说是由我的自便；然而伊[②]哭了，这正是情理中的事，因为那时读书应试是正路，所谓学洋务[③]，社会上便以为是一种走投无路的人，只得将灵魂卖给鬼子，要加倍的奚落而且排斥的，而况伊又看不见自己的儿子了。然而我也顾不得这些事，终于到N去进了K学堂了，在这学堂里，我才知道世上还有所谓格致，算学，地理，历史，绘图和体操。生理学并不教，但我们却看到些木版的《全体新论》和《化学卫生论》之类了。我还记得先前的医生的议论和方药，和现在所知道的比较起来，便渐渐的悟得中医不过是一种有意的或无意的骗子，同时又很起了对于被骗的病人和他的家族的同情；而且从译出的历史上，又知道了日本维新是大半发端于西方医学的事实。

因为这些幼稚的知识，后来便使我的学籍列在日本一个乡间的医学专门学校里了。我的梦很美满，预备卒业回来，救治像我父亲似的被误的病人的疾苦，战争时候便去当军医，一面又促进了国人对于维新的信仰。我已不知道教授微生物学的方法，现在又有了怎样的进步了，总之那时是用了电影，来显示微生物的形状的，因此有时讲义的一段落已完，而时间还没有到，教师便映些风景或时事的画片给学生看，以用去这多余的光阴。其时正当日俄战争的时候，关于战事的画片自然也就比较的多了，我在这一个讲堂中，便须常常随喜我那同学们的拍手和喝采。有一回，我竟在画片上忽然会见我久违的许多中国人了，一个绑在中间，许多站在左右，一样是强壮的体格，而显出麻木的神情。据解说，则绑着的是替俄国做了军事上的侦探，正要被日军砍下头颅来示众，而围着的便是来赏鉴这示众的盛举的人们。

这一学年没有完毕，我已经到了东京了，因为从那一回以后，我便觉得医学并非一件紧要事，凡是愚弱的国民，即使体格如何健全，如何茁壮，也只能做毫无意义的示众的材料和看客，病死多少是不必以为不幸的。所以我们的第一要著，是在改变他们的精神，而善于改变精神的是，我那时以为当然要推文艺，于

①到N进K学堂：N指南京，K学堂指江南水师学堂。作者于1898年至南京江南水师学堂肄业，第二年改入江南陆师学堂附设的矿务铁路学堂，1902年初毕业后，由清政府派赴日本留学。

②伊：女性第三人称代词。当时还未使用“她”字。

③学洋务：清朝末年，以李鸿章、张之洞等人为代表的洋务派推行了以“自强”“求富”为目的的“洋务运动”。他们主张“师夷制夷”“中体西用”，一方面维护封建统治及其伦理道德，另一方面也举办了一些军事工业及其他工矿企业，同时还开办了一些学堂学习相关知识。这里所说的“学洋务”，其实就是指在洋务学堂里学习西方国家的科学知识和军事技术。

是想提倡文艺运动了。在东京的留学生很有学法政理化以至警察工业的，但没有人治文学和美术；可是在冷淡的空气中，也幸而寻到几个同志①了，此外又邀集了必须的几个人，商量之后，第一步当然是出杂志，名目是取"新的生命"的意思，因为我们那时大抵带些复古的倾向，所以只谓之《新生》。

《新生》的出版之期接近了，但最先就隐去了若干担当文字的人，接着又逃走了资本，结果只剩下不名一钱的三个人。创始时候既已背时，失败时候当然无可告语，而其后却连这三个人也都为各自的运命所驱策，不能在一处纵谈将来的好梦了，这就是我们的并未产生的《新生》的结局。

我感到未尝经验的无聊，是自此以后的事。我当初是不知其所以然的；后来想，凡有一人的主张，得了赞和，是促其前进的，得了反对，是促其奋斗的，独有叫喊于生人中，而生人并无反应，既非赞同，也无反对，如置身毫无边际的荒原，无可措手的了，这是怎样的悲哀呵，我于是以我所感到者为寂寞。1

这寂寞又一天一天的长大起来，如大毒蛇，缠住了我的灵魂了。2

然而我虽然自有无端的悲哀，却也并不愤懑，因为这经验使我反省，看见自己了：就是我决不是一个振臂一呼应者云集的英雄。

只是我自己的寂寞是不可不驱除的，因为这于我太痛苦。我于是用了种种法，来麻醉自己的灵魂，使我沉入于国民中，使我回到古代去，后来也亲历或旁观过几样更寂寞更悲哀的事，都为我所不愿追怀，甘心使他们和我的脑一同消灭在泥土里的，但我的麻醉法却也似乎已经奏了功，再没有青年时候的慷慨激昂的意思了。3

S会馆里有三间屋，相传是往昔曾在院子里的槐树上缢死过一个女人的，现在槐树已经高不可攀了，而这屋还没有人住；许多

名师批注

1作者深刻地分析了自己早期文学活动失败的客观原因，国民精神麻木、群众思想觉悟低，作者的呐喊如同将一枚石子投入了深潭，激不起丝毫的波澜，对于一心救国的作者来说，这样的打击是十分巨大的。

名师批注

2此处以形象的比喻写出了作者内心的痛苦，这是一个爱国者报国无门的忧愁，更是一个先行者曲高和寡的悲哀。

名师批注

3在梦想破灭之后，作者只能靠麻醉自己来排解痛苦，但这并不代表他放弃了理想，他的沉默正是要在黑暗中思索、探寻国家和社会的前途和命运。

①几个同志：指许寿裳、袁文薮、周作人等人。后来袁文薮前往英国留学，只剩鲁迅、许寿裳和周作人三人。

年，我便寓在这屋里钞古碑。客中少有人来，古碑中也遇不到什么问题和主义，而我的生命却居然暗暗的消去了，这也就是我惟一的愿望。夏夜，蚊子多了，便摇着蒲扇坐在槐树下，从密叶缝里看那一点一点的青天，晚出的槐蚕又每每冰冷的落在头颈上。

那时偶或来谈的是一个老朋友金心异[1]，将手提的大皮夹放在破桌上，脱下长衫，对面坐下了，因为怕狗，似乎心房还在怦怦的跳动。

"你钞了这些有什么用？"有一夜，他翻着我那古碑的钞本，发了研究的质问了。

"没有什么用。"

"那么，你钞他是什么意思呢？"

"没有什么意思。"

"我想，你可以做点文章……"

我懂得他的意思了，他们正办《新青年》，然而那时仿佛不特没有人来赞同，并且也还没有人来反对，我想，他们许是感到寂寞了，但是说：

"假如一间铁屋子，是绝无窗户而万难破毁的，里面有许多熟睡的人们，不久都要闷死了，然而是从昏睡入死灭，并不感到就死的悲哀。现在你大嚷起来，惊起了较为清醒的几个人，使这不幸的少数者来受无可挽救的临终的苦楚，你倒以为对得起他们么？"

"然而几个人既然起来，你不能说决没有毁坏这铁屋的希望。"

是的，我虽然自有我的确信，然而说到希望，却是不能抹杀的，因为希望是在于将来，决不能以我之必无的证明，来折服了他之所谓可有，于是我终于答应他也做文章了，这便是最初的一篇《狂人日记》。

从此以后，便一发而不可收，每写些小说模样的文章，以敷衍朋友们的嘱托，积久就有了十余篇。

在我自己，本以为现在是已经并非一个切迫而不能已于言的人了，但或者也还未能忘怀于当日自己的寂寞的悲哀罢，所以有时候仍不免呐喊几声，聊以慰藉那在寂寞里奔驰的猛士，使他不惮于前驱。至于我的喊声是勇猛或是悲哀，是可憎或是可笑，那倒是不暇顾及的；但既然是呐喊，则当然须听将令的了，所以我往往不

---

① 金心异：指钱玄同，时任《新青年》编辑委员之一。1919 年，复古派文人林纾在《申报》发表小说《荆生》，攻击新文化运动。小说中有一个人物叫"金心异"，即影射钱玄同。

恤用了曲笔，在《药》的瑜儿的坟上平空添上一个花环，在《明天》里也不叙单四嫂子竟没有做到看见儿子的梦，因为那时的主将是不主张消极的。至于自己，却也并不愿将自以为苦的寂寞，再来传染给也如我那年青时候似的正做着好梦的青年。

这样说来，我的小说和艺术的距离之远，也就可想而知了，然而到今日还能蒙着小说的名，甚而至于且有成集的机会，无论如何总不能不说是一件侥幸的事，但侥幸虽使我不安于心，而悬揣人间暂时还有读者，则究竟也仍然是高兴的。

所以我竟将我的短篇小说结集起来，而且付印了，又因为上面所说的缘由，便称之为《呐喊》。

一九二二年十二月三日，鲁迅记于北京。

名师/赏析 Learning

鲁迅在《记念刘和珍君》一文中曾经说过："沉默呵，沉默！不在沉默中爆发，就在沉默中灭亡！"《呐喊》便是鲁迅于沉默中爆发出的一腔悲愤，昭示了他唤醒国人走出精神牢笼的决心。

在这篇鲁迅为《呐喊》所写的序言中，他通过对父亲离世、外出求学、走上创作之路等人生经历的描述，阐发了其创作《呐喊》的缘由，同时也勾勒了他自己前期思想的发展脉络，并对游荡于当时背景中的自我灵魂进行了深入的剖析。所以说，本文不仅仅是一篇简单的序言，它也是鲁迅一生的战斗思想和人生处境的真实写照，饱含着一个爱国者对国家民族最深沉的热爱与忧虑。

延伸/思考 Thinking

1.仔细阅读本文，并说一说作者为什么决定学医，后来又为什么要弃医从文。

2.在金心异和鲁迅谈话前，鲁迅的思想状态是怎样的？

3.请简要说说鲁迅写作《呐喊》的缘由。

狂人日记 [精读]

名师/导读 Reading

《狂人日记》是中国第一部现代白话文小说，也是鲁迅第一次采用“鲁迅”这个笔名发表的作品。它开辟了我国文学发展的一个新时代，在近代中国文学史上，是一座当之无愧的里程碑。在这篇小说中，鲁迅先生以狂人的病情和心理活动为主要内容，通过对其自身以及家庭、社会等环境的描写，揭露了封建社会普遍的“吃人”现象，借狂人之口抒发了其对封建文化以及封建制度的批判与颠覆。

某君昆仲，今隐其名，皆余昔日在中学校时良友；分隔多年，消息渐阙。日前偶闻其一大病；适归故乡，迂道往访，则仅晤一人，言病者其弟也。劳君远道来视，然已早愈，赴某地候补矣。因大笑，出示日记二册，谓可见当日病状，不妨献诸旧友。持归阅一过，知所患盖“迫害狂”之类。语颇错杂无伦次，又多荒唐之言；亦不著月日，惟墨色字体不一，知非一时所书。间亦有略具联络者，今撮录一篇，以供医家研究。记中语误，一字不易；惟人名虽皆村人，不为世间所知，无关大体，然亦悉易去。至于书名，则本人愈后所题，不复改也。七年四月二日识。[1]

名师批注

[1] 这一段作为全文的小序，交代了狂人发病的始末和这本日记的由来。作者以古文来写作小序，与正文的白话部分形成鲜明的对比，让读者能够更明确地感受到白话文的优势。

一

今天晚上，很好的月光。

我不见他，已是三十多年；今天见了，精神分外爽快。才知道以前的三十多年，全是发昏；然而须十分小心。不然，那赵家的狗，何以看我两眼呢？1

我怕得有理。

二

今天全没月光，我知道不妙。早上小心出门，赵贵翁的眼色便怪：似乎怕我，似乎想害我。还有七八个人，交头接耳的议论我，又怕我看见。一路上的人，都是如此。其中最凶的一个人，张着嘴，对我笑了一笑；我便从头直冷到脚跟，晓得他们布置，都已妥当了。2

我可不怕，仍旧走我的路。前面一伙小孩子，也在那里议论我；眼色也同赵贵翁一样，脸色也都铁青。我想我同小孩子有什么仇，他也这样。忍不住大声说，“你告诉我！”他们可就跑了。

我想：我同赵贵翁有什么仇，同路上的人又有什么仇；只有廿年以前，把古久先生的陈年流水簿子，踹了一脚，古久先生很不高兴。3赵贵翁虽然不认识他，一定也听到风声，代抱不平；约定路上的人，同我作冤对。但是小孩子呢？那时候，他们还没有出世，何以今天也睁着怪眼睛，似乎怕我，似乎想害我。这真教我怕，教我纳罕而且伤心。

我明白了。这是他们娘老子教的！

三

晚上总是睡不着。凡事须得研究，才会明白。

他们——也有给知县打枷过的，也有给绅士掌过嘴的，也有衙役占了他妻子的，也有老子娘被债主逼死的；他们那时候的脸色，全没有昨天这么怕，也没有这么凶。

最奇怪的是昨天街上的那个女人，打他儿子，嘴里说道，“老子呀！我要咬你几口才出气！”他眼睛却看着我。我出了一

名师批注

1将本身并无关联的“月光”和“狗”联系在一起，体现了狂人逻辑的混乱。

名师批注

2本段对狂人内心的恐惧进行了细致的刻画，他觉得赵贵翁的眼色很怪，看到别人聊天便以为他们在议论自己，甚至路人对他微笑都能让他“从头直冷到脚跟”。作者通过这一系列描写，初步确立了狂人“迫害狂”的形象。

名师批注

3“古久先生的陈年流水簿子”比喻我国封建主义统治的长久历史，这里体现了作者对封建礼教的蔑视与抗争，他已将矛头直指保守的传统文化。

惊，遮掩不住；那青面獠牙的一伙人，便都哄笑起来。陈老五赶上前，硬把我拖回家中了。

拖我回家，家里的人都装作不认识我；他们的眼色，也全同别人一样。进了书房，便反扣上门，宛然是关了一只鸡鸭。1这一件事，越教我猜不出底细。

名师批注

1人竟然无异于鸡鸭，这一比喻暗示了在这样一个“人吃人”的封建社会里，是没有人性可言的，而人民的命运也就如牲畜一般卑微。

前几天，狼子村的佃户来告荒，2对我大哥说，他们村里的一个大恶人，给大家打死了；几个人便挖出他的心肝来，用油煎炒了吃，可以壮壮胆子。我插了一句嘴，佃户和大哥便都看我几眼。今天才晓得他们的眼光，全同外面的那伙人一模一样。

名师批注

2从佃户前来告荒这一细节可以看出狂人出身于地主家庭。

想起来，我从顶上直冷到脚跟。

他们会吃人，就未必不会吃我。

你看那女人“咬你几口”的话，和一伙青面獠牙人的笑，和前天佃户的话，明明是暗号。我看出他话中全是毒，笑中全是刀。他们的牙齿，全是白厉厉的排着，这就是吃人的家伙。

照我自己想，虽然不是恶人，自从踹了古家的簿子，可就难说了。他们似乎别有心思，我全猜不出。况且他们一翻脸，便说人是恶人。我还记得大哥教我做论，无论怎样好人，翻他几句，他便打上几个圈；原谅坏人几句，他便说“翻天妙手，与众不同”。我那里猜得到他们的心思，究竟怎样；况且是要吃的时候。

凡事总须研究，才会明白。古来时常吃人，我也还记得，可是不甚清楚。我翻开历史一查，这历史没有年代，歪歪斜斜的每叶上都写着“仁义道德”几个字。我横竖睡不着，仔细看了半夜，才从字缝里看出字来，满本都写着两个字是“吃人”！3

名师批注

3点明主旨，真正“吃人”的正是满口仁义道德的封建礼教，作者通过狂人之口巧妙地揭露了封建礼教对人性的束缚和残害。其中“这历史没有年代”一句更是体现出了这种“吃人”的现象是普遍存在于历史中的，而并非某一时代所特有。

书上写着这许多字，佃户说了这许多话，却都笑吟吟的睁着怪眼睛看我。

我也是人，他们想要吃我了！

四

早上，我静坐了一会。陈老五送进饭来，一碗菜，一碗蒸鱼；这鱼的眼睛，白而且硬，张着嘴，同那一伙想吃人的人一样。吃了几筷，滑溜溜的不知是鱼是人，便把他兜肚连肠的吐出。

我说“老五，对大哥说，我闷得慌，想到园里走走。”老五不答应，走了；停一会，可就来开了门。

我也不动，研究他们如何摆布我；知道他们一定不肯放松。果然！我大哥引了一个老头子，慢慢走来；他满眼凶光，怕我看出，只是低头向着地，从眼镜横边暗暗看我。1大哥说，“今天你仿佛很好。”我说“是的。”大哥说，“今天请何先生来，给你诊一诊。”我说“可以！”其实我岂不知道这老头子是刽子手扮的！无非借了看脉这名目，揣一揣肥瘠：因这功劳，也分一片肉吃。我也不怕；虽然不吃人，胆子却比他们还壮。2伸出两个拳头，看他如何下手。老头子坐着，闭了眼睛，摸了好一会，呆了好一会；便张开他鬼眼睛说，“不要乱想。静静的养几天，就好了。”

不要乱想，静静的养！养肥了，他们是自然可以多吃；我有什么好处，怎么会“好了”？他们这群人，又想吃人，又是鬼鬼祟祟，想法子遮掩，不敢直捷下手，真要令我笑死。我忍不住，便放声大笑起来，十分快活。自己晓得这笑声里面，有的是义勇和正气。老头子和大哥，都失了色，被我这勇气正气镇压住了。

但是我有勇气，他们便越想吃我，沾光一点这勇气。老头子跨出门，走不多远，便低声对大哥说道，“赶紧吃罢！”大哥点点头。原来也有你！这一件大发见，虽似意外，也在意中：合伙吃我的人，便是我的哥哥！

吃人的是我哥哥！

我是吃人的人的兄弟！

我自己被人吃了，可仍然是吃人的人的兄弟！3

五

这几天是退一步想：假使那老头子不是刽子手扮的，真是医生，也仍然是吃人的人。他们的祖师李时珍做的“本草什么”上，明明写着人肉可以煎吃；他还能说自己不吃人么？

至于我家大哥，也毫不冤枉他。他对我讲书的时候，亲口说过可以“易子而食”；又一回偶然议论起一个不好的人，他便说不但该杀，还当“食肉寝皮”。4我那时年纪还小，心跳了好半天。

名师批注

1运用传神的动作描写表现了狂人眼中“医生”的一系列动作，反映了狂人多疑、警惕性高的特点。

名师批注

2狂人将医生把脉想象成“揣一揣肥瘠”，这段心理描写可谓构思精巧、诙谐幽默，将狂人的臆想表达得淋漓尽致，引人深思。

名师批注

3这三段进一步深化主题，指出无论是否存在亲缘关系，都逃避不了吃或被吃的命运，揭露了封建家族制度的危害，并将整个社会归结为“人吃人”的社会。

名师批注

4“本草什么”指明代医学家李时珍所著的《本草纲目》。这里列举医书以及现实中的例子，深刻地批判了封建社会“吃人”的本质。

前天狼子村佃户来说吃心肝的事，他也毫不奇怪，不住的点头。可见心思是同从前一样狠。既然可以“易子而食”，便什么都易得，什么人都吃得。我从前单听他讲道理，也胡涂过去；现在晓得他讲道理的时候，不但唇边还抹着人油，而且心里满装着吃人的意思。

六

黑漆漆的，不知是日是夜。赵家的狗又叫起来了。

狮子似的凶心，兔子的怯弱，狐狸的狡猾，……1

七

我晓得他们的方法，直捷杀了，是不肯的，而且也不敢，怕有祸祟。所以他们大家连络，布满了罗网，逼我自戕。试看前几天街上男女的样子，和这几天我大哥的作为，便足可悟出八九分了。最好是解下腰带，挂在梁上，自己紧紧勒死；他们没有杀人的罪名，又偿了心愿，自然都欢天喜地的发出一种呜呜咽咽的笑声。否则惊吓忧愁死了，虽则略瘦，也还可以首肯几下。2

他们是只会吃死肉的！——记得什么书上说，有一种东西，叫“海乙那”①的，眼光和样子都很难看；时常吃死肉，连极大的骨头，都细细嚼烂，咽下肚子去，想起来也教人害怕。“海乙那”是狼的亲眷，狼是狗的本家。前天赵家的狗，看我几眼，可见他也同谋，早已接洽。老头子眼看着地，岂能瞒得我过。

最可怜的是我的大哥，他也是人，何以毫不害怕；而且合伙吃我呢？还是历来惯了，不以为非呢？还是丧了良心，明知故犯呢？

我诅咒吃人的人，先从他起头；要劝转吃人的人，也先从他下手。3

八

其实这种道理，到了现在，他们也该早已懂得，……

忽然来了一个人；年纪不过二十左右，相貌是不很看得清

名师批注

1这是狂人对“吃人者”心态的认识，“狮子”“兔子”“狐狸”则象征封建社会的野心家。

名师批注

2这一段狂人的想象揭开了包裹在封建礼教最外层的虚伪面纱，深刻地揭示了所谓的仁义道德“吃人”的本质。

名师批注

3激烈的诅咒是狂人对吃人者的深切痛恨，也是作者对封建家长制度的强烈控诉。

①“海乙那”：英文Hyena的音译，即鬣狗，一种食肉动物，以狮虎等猛兽吃剩的残尸为食。

楚，满面笑容，对了我点头，他的笑也不像真笑。我便问他，“吃人的事，对么？”他仍然笑着说，“不是荒年，怎么会吃人。”我立刻就晓得，他也是一伙，喜欢吃人的；便自勇气百倍，偏要问他。

“对么？”

“这等事问他什么。你真会……说笑话。……今天天气很好。”

天气是好，月色也很亮了。可是我要问你，“对么？”

他不以为然了。含含胡胡的答道，“不……”

“不对？他们何以竟吃？！”

“没有的事……”

“没有的事？狼子村现吃；还有书上都写着，通红斩新！”

他便变了脸，铁一般青。睁着眼说，“有许有的，这是从来如此……”

“从来如此，便对么？”[1]

“我不同你讲这些道理；总之你不该说，你说便是你错！”

我直跳起来，张开眼，这人便不见了。全身出了一大片汗。他的年纪，比我大哥小得远，居然也是一伙；这一定是他娘老子先教的。还怕已经教给他儿子了；所以连小孩子，也都恶狠狠的看我。[2]

九

自己想吃人，又怕被别人吃了，都用着疑心极深的眼光，面面相觑。……

去了这心思，放心做事走路吃饭睡觉，何等舒服。这只是一条门槛，一个关头。他们可是父子兄弟夫妇朋友师生仇敌和各不相识的人，都结成一伙，互相劝勉，互相牵掣，死也不肯跨过这一步。[3]

十

大清早，去寻我大哥；他立在堂门外看天，我便走到他背后，拦住门，格外沉静，格外和气的对他说，

“大哥，我有话告诉你。”

“你说就是，”他赶紧回过脸来，点点头。

名师批注

[1] 一连串答非所问的提问既体现了狂人的偏执与错乱，也揭示了封建礼教对人的精神残害。作者借此表达了自己对真理的苦苦探求，同时也从侧面痛斥了封建制度奴役压迫人性的罪恶。

名师批注

[2] “娘老子”教他，他再教“儿子”的这一情节与前文多处照应，反映了封建礼教世袭罔替、根深蒂固的特征。

名师批注

[3] 第一段反映了吃人者之间的内部矛盾，他们想要吃人，却又必须时时刻刻提防自己被人吃掉，体现了封建统治下人与人之间互相提防、倾轧、残杀的普遍现象。紧接着作者在第二段以狂人的视角和口吻发出了内心的呼吁，由此也可以看出本文中的狂人不仅是一个“迫害症”患者，更是一个思想启蒙者。

“我只有几句话，可是说不出来。大哥，大约当初野蛮的人，都吃过一点人。后来因为心思不同，有的不吃人了，一味要好，便变了人，变了真的人。有的却还吃，——也同虫子一样，有的变了鱼鸟猴子，一直变到人。有的不要好，至今还是虫子。这吃人的人比不吃人的人，何等惭愧。怕比虫子的惭愧猴子，还差得很远很远。

“易牙蒸了他儿子，给桀纣吃，还是一直从前的事。谁晓得从盘古开辟天地以后，一直吃到易牙的儿子；从易牙的儿子，一直吃到徐锡林；从徐锡林，又一直吃到狼子村捉住的人。去年城里杀了犯人，还有一个生痨病的人，用馒头蘸血舐。1

“他们要吃我，你一个人，原也无法可想；然而又何必去入伙。吃人的人，什么事做不出；他们会吃我，也会吃你，一伙里面，也会自吃。但只要转一步，只要立刻改了，也就人人太平。虽然从来如此，我们今天也可以格外要好，说是不能！大哥，我相信你能说，前天佃户要减租，你说过不能。”

当初，他还只是冷笑，随后眼光便凶狠起来，一到说破他们的隐情，那就满脸都变成青色了。大门外立着一伙人，赵贵翁和他的狗，也在里面，都探头探脑的挨进来。有的是看不出面貌，似乎用布蒙着；有的是仍旧青面獠牙，抿着嘴笑。2我认识他们是一伙，都是吃人的人。可是也晓得他们心思很不一样，一种是以为从来如此，应该吃的；一种是知道不该吃，可是仍然要吃，又怕别人说破他，所以听了我的话，越发气愤不过，可是抿着嘴冷笑。

这时候，大哥也忽然显出凶相，高声喝道，

“都出去！疯子有什么好看！”

这时候，我又懂得一件他们的巧妙了。他们岂但不肯改，而且早已布置；预备下一个疯子的名目罩上我。将来吃了，不但太平无事，怕还会有人见情。佃户说的大家吃了一个恶人，正是这方法。这是他们的老谱！陈老五也气愤愤的直走进来。如何按得住我的口，我偏要对这伙人说，“你们可以改了，从真心改起！要晓得将来容不得吃人的人，活在世上。3

“你们要不改，自己也会吃尽。即使生得多，也会给真的人

名师批注

1列举从古至今“吃人”的事例，再一次反映了“人吃人”的普遍存在性，增强了批判力度。

名师批注

2作为一个“迫害狂”，狂人对周遭的感觉是十分敏感的，在看待外在世界的时候，他更注重的是别人如何看他。此处在描写狂人所看到的大哥与门外一伙人的神情，用词都带些恐怖的色彩，实际表现出的是狂人敏感、多疑而警惕的心理。

名师批注

3用双关的手法写出了狂人的社会理想，这也是作者对美好未来的坚定信仰。

除灭了，同猎人打完狼子一样！——同虫子一样！”

那一伙人，都被陈老五赶走了。大哥也不知那里去了。陈老五劝我回屋子里去。屋里面全是黑沉沉的。横梁和椽子都在头上发抖；抖了一会，就大起来，堆在我身上。

万分沉重，动弹不得；他的意思是要我死。我晓得他的沉重是假的，便挣扎出来，出了一身汗。可是偏要说，

“你们立刻改了，从真心改起！你们要晓得将来是容不得吃人的人，……”1

十一

太阳也不出，门也不开，日日是两顿饭。

我捏起筷子，便想起我大哥；晓得妹子死掉的缘故，也全在他。那时我妹子才五岁，可爱可怜的样子，还在眼前。母亲哭个不住，他却劝母亲不要哭；大约因为自己吃了，哭起来不免有点过意不去。如果还能过意不去，……

妹子是被大哥吃了，母亲知道没有，我可不得而知。

母亲想也知道；不过哭的时候，却并没有说明，大约也以为应当的了。记得我四五岁时，坐在堂前乘凉，大哥说爷娘生病，做儿子的须割下一片肉来，煮熟了请他吃，才算好人；母亲也没有说不行。2一片吃得，整个的自然也吃得。但是那天的哭法，现在想起来，实在还教人伤心，这真是奇极的事！

十二

不能想了。

四千年来时时吃人的地方，今天才明白，我也在其中混了多年；3大哥正管着家务，妹子恰恰死了，他未必不和在饭菜里，暗暗给我们吃。

我未必无意之中，不吃了我妹子的几片肉，现在也轮到我自己，……

有了四千年吃人履历的我，当初虽然不知道，现在明白，难见真的人！

名师批注

1这一段既是对前文的重复，也是对改变“吃人”社会这一社会理想的强调，以反复的手法再一次发出了作者内心的呼喊，振聋发聩。

名师批注

2列举封建社会存在的一种割肉治病的愚孝行为，以其伪科学性揭示了封建孝道“吃人”的本质。

名师批注

3一语中的，中国四千年的文明史就是一部“吃人”的历史。

十三

没有吃过人的孩子，或者还有？

救救孩子……

一九一八年四月。

名师/赏析 Learning

《狂人日记》是一篇极具象征性和哲理性的小说，文章采用第一人称自叙式的手法，表现了一个“迫害症”患者独特的内心世界，并借此批判了封建礼教对人性的残害，揭露出中国社会几千年的文明史实际上就是一部吃人历史的惊人真相。另外，文中不仅包含着鲁迅对封建礼教吃人本质的深入思考，而且表达了鲁迅对国人麻木不仁的强烈批判，从而发出“呐喊”，以期唤醒麻木的人们，拯救社会。

延伸/思考 Thinking

1.文中从哪些方面表现了这是一个“人吃人”的社会？吃人的是谁？被吃的又是谁？

2.小说的结尾表达了作者的什么愿望？

知识/拓展 Studying

易牙

易牙是春秋时齐国人，十分擅长调味，因此很得国君齐桓公的欢心。齐桓公久居宫中，吃遍了山珍海味，一次便半开玩笑地对易牙说，独独没有吃过蒸婴儿肉。后来，易牙将自己的长子蒸了给齐桓公吃，还哭着说希望国君身体安康。齐桓公虽觉得他杀子的行为不当，却也被他的忠心所感动，因此更加信任易牙。公元前645年，齐相管仲在临终前告诫齐桓公要远离易牙、竖刁等小人，但齐桓公并没有听从。管仲死后，齐桓公仍旧重用他们。结果，公元前643年，齐桓公病重，易牙、竖刁等人假传齐桓公的命令，堵塞宫门，不许任何人进去，最终令齐桓公饥饿而死。易牙因杀子以飨君，后又发动宫廷政变，成为历史上有名的大奸大恶之人。

孔乙己 [精读]

名师导读 Reading

《孔乙己》称得上20世纪中国文学史上的一部经典之作，也是鲁迅先生个人比较喜欢的一篇短篇小说。在这篇小说里，鲁迅先生以极其俭省的笔墨和典型的环境描写塑造了一个备受科举制度愚弄和毒害的底层知识分子形象，并借此控诉了封建科举制度的罪恶和封建社会的人情淡薄。可以说，《孔乙己》是鲁迅先生又一篇反映封建社会腐朽与病态的战斗檄文。

鲁镇的酒店的格局，是和别处不同的：都是当街一个曲尺形的大柜台，柜里面预备着热水，可以随时温酒。做工的人，傍午傍晚散了工，每每花四文铜钱，买一碗酒，——这是二十多年前的事，现在每碗要涨到十文，——靠柜外站着，热热的喝了休息；倘肯多花一文，便可以买一碟盐煮笋，或者茴香豆，做下酒物了，如果出到十几文，那就能买一样荤菜，但这些顾客，多是短衣帮，大抵没有这样阔绰。只有穿长衫的，才踱进店面隔壁的房子里，要酒要菜，慢慢地坐喝。1

我从十二岁起，便在镇口的咸亨酒店里当伙计，掌柜说，样子太傻，怕侍候不了长衫主顾，就在外面做点事罢。外面的短衣主顾，虽然容易说话，但唠唠叨叨缠夹不清的也很不少。他们往往要

名师批注

1 此处通过衣着（短和长）、姿势（站和坐）、地点（外和里）、菜肴（素和荤）这四个方面对短衣帮与长衫主顾进行了对比，突出了贫富悬殊、等级森严的社会现实，为孔乙己的出场做了铺垫。

亲眼看着黄酒从坛子里舀出，看过壶子底里有水没有，又亲看将壶子放在热水里，然后放心：在这严重监督之下，羼水也很为难。所以过了几天，掌柜又说我干不了这事。幸亏荐头的情面大，辞退不得，便改为专管温酒的一种无聊职务了。

我从此便整天的站在柜台里，专管我的职务。虽然没有什么失职，但总觉有些单调，有些无聊。掌柜是一副凶脸孔，主顾也没有好声气，教人活泼不得；只有孔乙己到店，才可以笑几声，所以至今还记得。1

孔乙己是站着喝酒而穿长衫的唯一的人。他身材很高大；青白脸色，皱纹间时常夹些伤痕；一部乱蓬蓬的花白的胡子。穿的虽然是长衫，可是又脏又破，似乎十多年没有补，也没有洗。他对人说话，总是满口之乎者也，教人半懂不懂的。2因为他姓孔，别人便从描红纸上的“上大人孔乙己”这半懂不懂的话里，替他取下一个绰号，叫作孔乙己。孔乙己一到店，所有喝酒的人便都看着他笑，有的叫道，“孔乙己，你脸上又添上新伤疤了！”他不回答，对柜里说，“温两碗酒，要一碟茴香豆。”便排出九文大钱。3他们又故意的高声嚷道，“你一定又偷了人家的东西了！”孔乙己睁大眼睛说，“你怎么这样凭空污人清白……”“什么清白？我前天亲眼见你偷了何家的书，吊着打。”孔乙己便涨红了脸，额上的青筋条条绽出，争辩道，“窃书不能算偷……窃书！……读书人的事，能算偷么？”接连便是难懂的话，什么“君子固穷”，什么“者乎”之类，引得众人都哄笑起来：店内外充满了快活的空气。

听人家背地里谈论，孔乙己原来也读过书，但终于没有进学，又不会营生；于是愈过愈穷，弄到将要讨饭了。幸而写得一笔好字，便替人家钞钞书，换一碗饭吃。可惜他又有一样坏脾气，便是好喝懒做。坐不到几天，便连人和书籍纸张笔砚，一齐失踪。如是几次，叫他钞书的人也没有了。孔乙己没有法，便免不了偶然做些偷窃的事。但他在我们店里，品行却比别人都好，就是从不拖欠；虽然间或没有现钱，暂时记在粉板上，但不出一月，定然还清，从粉板上拭去了孔乙己的名字。

孔乙己喝过半碗酒，涨红的脸色渐渐复了原，旁人便又问

名师批注

1制造悬念，为什么孔乙己到店的时候可以“笑”？令人寻味，激起了读者的阅读兴趣。同时“笑声”贯穿全篇，与孔乙己的不幸遭遇形成了强烈的对照，它深刻地揭露了封建社会的黑暗和冷酷。

名师批注

2作者通过细致的外貌描写，把一个穷困潦倒、迂腐可笑的底层知识分子形象栩栩如生地刻画出来，展现在读者的面前。

名师批注

3“排”字生动地表现了穷困的孔乙己数钱时缓慢的动作神态，显示出他在短衣帮面前炫富的傲慢姿态，写出了孔乙己的虚荣和穷酸气。

道，“孔乙己，你当真认识字么？”孔乙己看着问他的人，显出不屑置辩的神气。他们便接着说道，“你怎的连半个秀才也捞不到呢？”孔乙己立刻显出颓唐不安模样，脸上笼上了一层灰色，嘴里说些话；这回可是全是之乎者也之类，一些不懂了。在这时候，众人也都哄笑起来：店内外充满了快活的空气。

在这些时候，我可以附和着笑，掌柜是决不责备的。而且掌柜见了孔乙己，也每每这样问他，引人发笑。孔乙己自己知道不能和他们谈天，便只好向孩子说话。有一回对我说道，“你读过书么？”我略略点一点头。他说，“读过书，……我便考你一考。茴香豆的茴字，怎样写的？”我想，讨饭一样的人，也配考我么？便回过脸去，不再理会。孔乙己等了许久，很恳切的说道，“不能写罢？……我教给你，记着！这些字应该记着。将来做掌柜的时候，写账要用。”我暗想我和掌柜的等级还很远呢，而且我们掌柜也从不将茴香豆上账；又好笑，又不耐烦，懒懒的答他道，“谁要你教，不是草头底下一个来回的回字么？”孔乙己显出极高兴的样子，将两个指头的长指甲敲着柜台，点头说，“对呀对呀！……回字有四样写法，你知道么？”1我愈不耐烦了，努着嘴走远。孔乙己刚用指甲蘸了酒，想在柜上写字，见我毫不热心，便又叹一口气，显出极惋惜的样子。

有几回，邻居孩子听得笑声，也赶热闹，围住了孔乙己。他便给他们茴香豆吃，一人一颗。孩子吃完豆，仍然不散，眼睛都望着碟子。孔乙己着了慌，伸开五指将碟子罩住，弯腰下去说道，“不多了，我已经不多了。”直起身又看一看豆，自己摇头说，“不多不多！多乎哉？不多也。”2于是这一群孩子都在笑声里走散了。

孔乙己是这样的使人快活，可是没有他，别人也便这么过。3

有一天，大约是中秋前的两三天，掌柜正在慢慢的结账，取下粉板，忽然说，“孔乙己长久没有来了。还欠十九个钱呢！”我才也觉得他的确长久没有来了。一个喝酒的人说道，“他怎么会来？……他打折了腿了。”掌柜说，“哦！”“他总仍旧是偷。这一回，是自己发昏，竟偷到丁举人家里去了。他家的东西，偷得的

名师批注

1孔乙己把毫无用处的“茴”字的四种写法当作学问来卖弄，可见他的迂腐。“我”对他的态度则反映了孔乙己在人们心中的低下地位，而世态炎凉、人情冷酷也由此可见。

名师批注

2这一句孔乙己引用《论语》的描写，将他的迂腐可笑描摹得穷形尽相。

名师批注

3前半句承接上文，和“店内外充满了快活的空气”相呼应；后半句暗示了孔乙己无人关心的境遇，自然地引出下文。同时这一句也是对孔乙己身份地位的暗示——在咸亨酒店里，他不过是人们的一个笑料。

么？”“后来怎么样？”“怎么样？先写服辩，后来是打，打了大半夜，再打折了腿。”“后来呢？”“后来打折了腿了。”“打折了怎样呢？”“怎样？……谁晓得？许是死了。”掌柜也不再问，仍然慢慢的算他的账。

中秋过后，秋风是一天凉比一天，看看将近初冬；1我整天的靠着火，也须穿上棉袄了。一天的下半天，没有一个顾客，我正合了眼坐着。

忽然间听得一个声音，“温一碗酒。”这声音虽然极低，却很耳熟。看时又全没有人。站起来向外一望，那孔乙己便在柜台下对了门槛坐着。

他脸上黑而且瘦，已经不成样子；穿一件破夹袄，盘着两腿，下面垫一个蒲包，用草绳在肩上挂住；2见了我，又说道，“温一碗酒。”掌柜也伸出头去，一面说，“孔乙己么？你还欠十九个钱呢！”孔乙己很颓唐的仰面答道，“这……下回还清罢。这一回是现钱，酒要好。”掌柜仍然同平常一样，笑着对他说，“孔乙己，你又偷了东西了！”但他这回却不十分分辩，单说了一句“不要取笑！”“取笑？要是不偷，怎么会打断腿？”孔乙己低声说道，“跌断，跌，跌……”他的眼色，很像恳求掌柜，不要再提。此时已经聚集了几个人，便和掌柜都笑了。我温了酒，端出去，放在门槛上。他从破衣袋里摸出四文大钱，放在我手里，见他满手是泥，原来他便用这手走来的。3不一会，他喝完酒，便又在旁人的说笑声中，坐着用这手慢慢走去了。

自此以后，又长久没有看见孔乙己。到了年关，掌柜取下粉板说，“孔乙己还欠十九个钱呢！”到第二年的端午，又说“孔乙己还欠十九个钱呢！”到中秋可是没有说，再到年关也没有看见他。

我到现在终于没有见——大约孔乙己的确死了。4

一九一九年三月。

名师批注

1 此处通过对自然环境的描写渲染气氛，以“秋风是一天凉比一天”预示孔乙己的命运越来越惨。

名师批注

2 这是对孔乙己的第二次外貌描写，他的黑瘦、颓废与第一次的外貌描写形成对比，表现出孔乙己被折磨、摧残的严重程度。

名师批注

3 “摸”字用得很精妙，跟前文“排”字比较，可以看出孔乙己的经济地位每况愈下，穷困潦倒。

名师批注

4 这句话表现了“我”对孔乙己的同情和对社会的控诉。同时，这一结尾也给人们留下了广阔的想象空间，言虽尽而意无穷。

名师/赏析 Learning

悲苦的故事可能会迎来喜剧的结局，同样，充斥着欢乐笑声的情节也可能酝酿着前所未有的悲剧。《孔乙己》无疑是后者。从小说的叙述中我们可以很明显地看出，除孔乙己外，小说中几乎所有的人都是喜悦的——他们在孔乙己的身上得到了愉悦。孔乙己迂腐、麻木的病态性格，“是这样的使人快活”，以致使这小小的咸亨酒店常常“众人都哄笑起来”“店内外充满了快活的空气”。但这个“制造快乐”的孔乙己的命运是悲惨的，他从别人的“笑”声中迂腐地登场，最后又在咸亨酒店众人的笑声中悲惨地死去。作者通过这贯穿全文的笑声，表达了对封建教育和封建科举制度的无情批判。

延伸/思考 Thinking

1.文中作者两次描写了孔乙己的外貌，这两次描写有什么不同？作者的情感态度分别是怎样的？

2.孔乙己教“我”写“茴”字和给孩子们吃茴香豆体现了他怎样的性格特征？

3.结合全文，说一说孔乙己的悲剧命运是什么造成的。

4.请你根据孔乙己的遭遇和经历为本文续写一个结尾。

知识/拓展 Studying

《附记》

《孔乙己》一文最初是在1919年4月《新青年》第六卷第四号上发表的。当时，篇末有作者写的《附记》，内容如下：“这一篇很拙的小说，还是去年冬天做成的。那时的意思，单在描写社会上的或一种生活，请读者看看，并没有别的深意。但用活字排印了发表，却已在这时候，——便是忽然有人用了小说盛行人身攻击的时候。大抵著者走入暗路，每每能引读者的思想跟他堕落：以为小说是一种泼秽水的器具，里面糟蹋的是谁。这实在是一件极可叹可怜的事。所以我在此声明，免得发生猜度，害了读者的人格。一九一九年三月二十六日记。”

药

名师/导读 Reading

✷ 鲁迅先生在《我怎么做起小说来》一文中写道："我的取材，多采自病态社会的不幸人们中，意思是在揭出病苦，引起疗救的注意。"而《药》这篇小说便是鲁迅先生针对愚昧无知的民众、麻木冷漠的看客及黑暗而病态的社会，所开出的一剂良药。

一

秋天的后半夜，月亮下去了，太阳还没有出，只剩下一片乌蓝的天；除了夜游的东西，什么都睡着。华老栓忽然坐起身，擦着火柴，点上遍身油腻的灯盏，茶馆的两间屋子里，便弥满了青白的光。

"小栓的爹，你就去么？"是一个老女人的声音。里边的小屋子里，也发出一阵咳嗽。

"唔。"老栓一面听，一面应，一面扣上衣服；伸手过去说，"你给我罢。"

华大妈在枕头底下掏了半天，掏出一包洋钱①，交给老栓，老栓接了，抖抖的装入衣袋，又在外面按了两下；便点上灯笼，吹熄灯盏，走向里屋子去了。那屋子里面，正在窸窸窣窣的响，接着便是一通咳嗽。老栓候他平静下去，才低低的叫道，"小栓……你不要起来。……店么？你娘会安排的。"

老栓听得儿子不再说话，料他安心睡了；便出了门，走到街上。街上黑沉沉

① 洋钱：指银元。银元最初是从外国流入我国的，所以俗称洋钱。自清代后期，我国开始自铸银元，但民间仍沿用这个旧称。

的一无所有，只有一条灰白的路，看得分明。灯光照着他的两脚，一前一后的走。有时也遇到几只狗，可是一只也没有叫。天气比屋子里冷得多了；老栓倒觉爽快，仿佛一旦变了少年，得了神通，有给人生命的本领似的，跨步格外高远。而且路也愈走愈分明，天也愈走愈亮了。

老栓正在专心走路，忽然吃了一惊，远远里看见一条丁字街，明明白白横着。他便退了几步，寻到一家关着门的铺子，蹩进檐下，靠门立住了。好一会，身上觉得有些发冷。

“哼，老头子。”

“倒高兴……。”

老栓又吃一惊，睁眼看时，几个人从他面前过去了。一个还回头看他，样子不甚分明，但很像久饿的人见了食物一般，眼里闪出一种攫取的光。老栓看看灯笼，已经熄了。按一按衣袋，硬硬的还在。仰起头两面一望，只见许多古怪的人，三三两两，鬼似的在那里徘徊；定睛再看，却也看不出什么别的奇怪。

没有多久，又见几个兵，在那边走动；衣服前后的一个大白圆圈，远地里也看得清楚，走过面前的，并且看出号衣上暗红色的镶边。——一阵脚步声响，一眨眼，已经拥过了一大簇人。那三三两两的人，也忽然合作一堆，潮一般向前赶；将到丁字街口，便突然立住，簇成一个半圆。

老栓也向那边看，却只见一堆人的后背；颈项都伸得很长，仿佛许多鸭，被无形的手捏住了的，向上提着。静了一会，似乎有点声音，便又动摇起来，轰的一声，都向后退；一直散到老栓立着的地方，几乎将他挤倒了。

“喂！一手交钱，一手交货！”一个浑身黑色的人，站在老栓面前，眼光正像两把刀，刺得老栓缩小了一半。那人一只大手，向他摊着；一只手却撮着一个鲜红的馒头①，那红的还是一点一点的往下滴。

老栓慌忙摸出洋钱，抖抖的想交给他，却又不敢去接他的东西。那人便焦急起来，嚷道，“怕什么？怎的不拿！”老栓还踌躇着；黑的人便抢过灯笼，一把扯下纸罩，裹了馒头，塞与老栓；一手抓过洋钱，捏一捏，转身去了。嘴里哼着说，“这老东西……。”

“这给谁治病的呀？”老栓也似乎听得有人问他，但他并不答应；他的精神，现在只在一个包上，仿佛抱着一个十世单传的婴儿，别的事情，都已置之度

① 鲜红的馒头：这里的馒头指的是蘸有人血的馒头。旧时迷信，以为人血可以医治肺痨，刽子手便借此骗取钱财。

外了。他现在要将这包里的新的生命，移植到他家里，收获许多幸福。太阳也出来了；在他面前，显出一条大道，直到他家中，后面也照见丁字街头破匾上“古□亭口”这四个黯淡的金字。

二

老栓走到家，店面早经收拾干净，一排一排的茶桌，滑溜溜的发光。但是没有客人；只有小栓坐在里排的桌前吃饭，大粒的汗，从额上滚下，夹袄也帖住了脊心，两块肩胛骨高高凸出，印成一个阳文的“八”字。老栓见这样子，不免皱一皱展开的眉心。他的女人，从灶下急急走出，睁着眼睛，嘴唇有些发抖。

“得了么？”

“得了。”

两个人一齐走进灶下，商量了一会；华大妈便出去了，不多时，拿着一片老荷叶回来，摊在桌上。老栓也打开灯笼罩，用荷叶重新包了那红的馒头。小栓也吃完饭，他的母亲慌忙说：

“小栓——你坐着，不要到这里来。”

一面整顿了灶火，老栓便把一个碧绿的包，一个红红白白的破灯笼，一同塞在灶里；一阵红黑的火焰过去时，店屋里散满了一种奇怪的香味。

“好香！你们吃什么点心呀？”这是驼背五少爷到了。这人每天总在茶馆里过日，来得最早，去得最迟，此时恰恰蹩到临街的壁角的桌边，便坐下问话，然而没有人答应他。“炒米粥么？”仍然没有人应。老栓匆匆走出，给他泡上茶。

“小栓进来罢！”华大妈叫小栓进了里面的屋子，中间放好一条凳，小栓坐了。他的母亲端过一碟乌黑的圆东西，轻轻说：

“吃下去罢，——病便好了。”

小栓撮起这黑东西，看了一会，似乎拿着自己的性命一般，心里说不出的奇怪。十分小心的拗开了，焦皮里面窜出一道白气，白气散了，是两半个白面的馒头。——不多工夫，已经全在肚里了，却全忘了什么味；面前只剩下一张空盘。他的旁边，一面立着他的父亲，一面立着他的母亲，两人的眼光，都仿佛要在他身里注进什么又要取出什么似的；便禁不住心跳起来，按着胸膛，又是一阵咳嗽。

“睡一会罢，——便好了。”

小栓依他母亲的话，咳着睡了。华大妈候他喘气平静，才轻轻的给他盖上了满幅补钉的夹被。

三

店里坐着许多人，老栓也忙了，提着大铜壶，一趟一趟的给客人冲茶；两个眼眶，都围着一圈黑线。

“老栓，你有些不舒服么？——你生病么？”一个花白胡子的人说。

“没有。”

“没有？——我想笑嘻嘻的，原也不像……”花白胡子便取消了自己的话。

“老栓只是忙。要是他的儿子……”驼背五少爷话还未完，突然闯进了一个满脸横肉的人，披一件玄色布衫，散着纽扣，用很宽的玄色腰带，胡乱捆在腰间。刚进门，便对老栓嚷道：

“吃了么？好了么？老栓，就是运气了你！你运气，要不是我信息灵……。”

老栓一手提了茶壶，一手恭恭敬敬的垂着；笑嘻嘻的听。满座的人，也都恭恭敬敬的听。华大妈也黑着眼眶，笑嘻嘻的送出茶碗茶叶来，加上一个橄榄，老栓便去冲了水。

“这是包好！这是与众不同的。你想，趁热的拿来，趁热吃下。”横肉的人只是嚷。

“真的呢，要没有康大叔照顾，怎么会这样……”华大妈也很感激的谢他。

“包好，包好！这样的趁热吃下。这样的人血馒头，什么痨病都包好！”

华大妈听到“痨病”这两个字，变了一点脸色，似乎有些不高兴；但又立刻堆上笑，搭赸着走开了。这康大叔却没有觉察，仍然提高了喉咙只是嚷，嚷得里面睡着的小栓也合伙咳嗽起来。

“原来你家小栓碰到了这样的好运气了。这病自然一定全好；怪不得老栓整天的笑着呢。”花白胡子一面说，一面走到康大叔面前，低声下气的问道，“康大叔——听说今天结果的一个犯人，便是夏家的孩子，那是谁的孩子？究竟是什么事？”

“谁的？不就是夏四奶奶的儿子么？那个小家伙！”康大叔见众人都耸起耳朵听他，便格外高兴，横肉块块饱绽，越发大声说，“这小东西不要命，不要就是了。我可是这一回一点没有得到好处；连剥下来的衣服，都给管牢的红眼睛阿义拿去了。——第一要算我们栓叔运气；第二是夏三爷赏了二十五两雪白的银子，独自落腰包，一文不花。”

小栓慢慢的从小屋子走出，两手按了胸口，不住的咳嗽；走到灶下，盛出一碗冷饭，泡上热水，坐下便吃。华大妈跟着他走，轻轻的问道，“小栓，你好些么？——你仍旧只是肚饿？……”

“包好，包好！”康大叔瞥了小栓一眼，仍然回过脸，对众人说，“夏三爷真是乖角儿，要是他不先告官，连他满门抄斩。现在怎样？银子！——这小东西也真不成东西！关在牢里，还要劝牢头造反。”

“阿呀，那还了得。”坐在后排的一个二十多岁的人，很现出气愤模样。1

“你要晓得红眼睛阿义是去盘盘底细的，他却和他攀谈了。他说：这大清的天下是我们大家的。你想：这是人话么？红眼睛原知道他家里只有一个老娘，可是没有料到他竟会那么穷，榨不出一点油水，已经气破肚皮了。他还要老虎头上搔痒，便给他两个嘴巴！”

“义哥是一手好拳棒，这两下，一定够他受用了。”壁角的驼背忽然高兴起来。

“他这贱骨头打不怕，还要说可怜可怜哩。”2

花白胡子的人说，“打了这种东西，有什么可怜呢？”

康大叔显出看他不上的样子，冷笑着说，“你没有听清我的话；看他神气，是说阿义可怜哩！”

听着的人的眼光，忽然有些板滞；话也停顿了。小栓已经吃完饭，吃得满身流汗，头上都冒出蒸气来。

“阿义可怜——疯话，简直是发了疯了。”花白胡子恍然大悟似的说。

“发了疯了。”二十多岁的人也恍然大悟的说。

店里的坐客，便又现出活气，谈笑起来。小栓也趁着热闹，拚命咳嗽；康大叔走上前，拍他肩膀说：

“包好！小栓——你不要这么咳。包好！”3

“疯了。”驼背五少爷点着头说。

四

西关外靠着城根的地面，本是一块官地；中间歪歪斜斜一条细路，是贪走便道的人，用鞋底造成的，但却成了自然的界限。路

名师批注

1这个二十多岁的年轻人的出场其实是作者的精心安排，他的“气愤”以及后文的“恍然大悟”都表明了他对革命的不理解甚至仇视。而这也是本文这个悲剧的最悲处之一：不仅仅是中年人、老年人无法理解革命，就连最具生命力的青年都无法认同革命。

名师批注

2从康大叔对夏瑜断断续续的描述中，我们可以看出夏瑜是一个坚贞不屈、视死如归的民主革命者，但辛亥革命的脱离群众注定了他孤立无援、最终惨死的命运。

名师批注

3康大叔反复鼓吹“包好”，是为了愚弄百姓。他是害死夏瑜和小栓的凶手，华夏两家的悲剧也是由他直接造成的。

的左边，都埋着死刑和瘐毙的人，右边是穷人的丛冢。两面都已埋到层层叠叠，宛然阔人家里祝寿时候的馒头。

这一年的清明，分外寒冷；杨柳才吐出半粒米大的新芽。天明未久，华大妈已在右边的一坐新坟前面，排出四碟菜，一碗饭，哭了一场。化过纸①，呆呆的坐在地上；仿佛等候什么似的，但自己也说不出等候什么。微风起来，吹动他短发，确乎比去年白得多了。

小路上又来了一个女人，也是半白头发，褴褛的衣裙；提一个破旧的朱漆圆篮，外挂一串纸锭，三步一歇的走。忽然见华大妈坐在地上看他，便有些踌躇，惨白的脸上，现出些羞愧的颜色；但终于硬着头皮，走到左边的一坐坟前，放下了篮子。

那坟与小栓的坟，一字儿排着，中间只隔一条小路。华大妈看他排好四碟菜，一碗饭，立着哭了一通，化过纸锭；心里暗暗地想，“这坟里的也是儿子了。”那老女人徘徊观望了一回，忽然手脚有些发抖，跄跄踉踉退下几步，瞪着眼只是发怔。

华大妈见这样子，生怕他伤心到快要发狂了；便忍不住立起身，跨过小路，低声对他说，“你这位老奶奶不要伤心了，——我们还是回去罢。”

那人点一点头，眼睛仍然向上瞪着；也低声吃吃的说道，“你看，——看这是什么呢？”

华大妈跟了他指头看去，眼光便到了前面的坟，这坟上草根还没有全合，露出一块一块的黄土，煞是难看。再往上仔细看时，却不觉也吃一惊；——分明有一圈红白的花，围着那尖圆的坟顶。

他们的眼睛都已老花多年了，但望这红白的花，却还能明白看见。花也不很多，圆圆的排成一个圈，不很精神，倒也整齐。华大妈忙看他儿子和别人的坟，却只有不怕冷的几点青白小花，零星开着；便觉得心里忽然感到一种不足和空虚，不愿意根究。那老女人又走近几步，细看了一遍，自言自语的说，“这没有根，不像自己开的。——这地方有谁来呢？孩子不会来玩；——亲戚本家早不来了。——这是怎么一回事呢？”他想了又想，忽又流下泪来，大声说道：

“瑜儿，他们都冤枉了你，你还是忘不了，伤心不过，今天特意显点灵，要我知道么？”他四面一看，只见一只乌鸦，站在一株没有叶的树上，便接着说，“我知道了。——瑜儿，可怜他们坑了你，他们将来总有报应，天都知道；你闭了眼

①化过纸：这里的纸指纸钱，是一种迷信用品，旧俗认为把它火化后可以供死者在“阴间”使用。下文说的纸锭，是用纸或锡箔折成的元宝。

睛就是了。——你如果真在这里，听到我的话，——便教这乌鸦飞上你的坟顶，给我看罢。”

微风早经停息了；枯草支支直立，有如铜丝。一丝发抖的声音，在空气中愈颤愈细，细到没有，周围便都是死一般静。两人站在枯草丛里，仰面看那乌鸦；那乌鸦也在笔直的树枝间，缩着头，铁铸一般站着。

许多的工夫过去了；上坟的人渐渐增多，几个老的小的，在土坟间出没。

华大妈不知怎的，似乎卸下了一挑重担，便想到要走；一面劝着说，“我们还是回去罢。”

那老女人叹一口气，无精打采的收起饭菜；又迟疑了一刻，终于慢慢地走了。嘴里自言自语的说，“这是怎么一回事呢？……”

他们走不上二三十步远，忽听得背后“哑——”的一声大叫；两个人都竦然的回过头，只见那乌鸦张开两翅，一挫身，直向着远处的天空，箭也似的飞去了。

一九一九年四月。

名师/赏析 Learning

鲁迅的很多作品都采用过明暗双线交织的结构，在一篇文章中分叙两件事，这两件事又彼此映照、对比、交叉，从而更好地揭示主题。《药》就是这种双线交织结构的典型，作者在主线中主要叙述了华老栓一家的遭遇：老栓买人血馒头，小栓吃人血馒头，华大妈上坟。在主线之外作者又另外安排了一条暗线：革命者夏瑜被杀和夏四奶奶上坟。两条线索在上坟这一场景中交织在一起，构成了华夏两家共同的悲剧。在这里，华老栓和华大妈是当时老百姓的代表，他们既是受害者，又是“吃人者”，由于他们的愚昧、麻木，使得革命党无立足之地。与此同时也暴露出革命党人的弊端——不发动群众，没有得到群众的认可，也就暗示着革命必将走向失败的结局。

延伸/思考 Thinking

1.文中的“药”指的是什么？

2.请概括华老栓和康大叔的性格特征。

明天

名师/导读 Reading

《明天》是鲁迅先生探究封建社会妇女悲惨命运的一篇代表性小说，他以现实主义的笔调为读者塑造了单四嫂子这一典型的人物形象，通过描写她失去赖以生存的独子的过程，展示了封建制度及其道德体系对人，尤其是对底层劳动妇女的残害与压迫，抨击了黑暗的封建社会的人情冷漠与世态炎凉。

"没有声音，——小东西怎了？"

红鼻子老拱手里擎了一碗黄酒，说着，向间壁努一努嘴。蓝皮阿五便放下酒碗，在他脊梁上用死劲的打了一掌，含含糊糊嚷道："你……你你又在想心思……。"

原来鲁镇是僻静地方，还有些古风：不上一更，大家便都关门睡觉。深更半夜没有睡的只有两家：一家是咸亨酒店，几个酒肉朋友围着柜台，吃喝得正高兴；一家便是间壁的单四嫂子，他自从前年守了寡，便须专靠着自己的一双手纺出绵纱来，养活他自己和他三岁的儿子，所以睡的也迟。

这几天，确凿没有纺纱的声音了。但夜深没有睡的既然只有两家，这单四嫂子家有声音，便自然只有老拱们听到，没有声音，也只有老拱们听到。

老拱挨了打，仿佛很舒服似的喝了一大口酒，呜呜的唱起小曲来。

这时候，单四嫂子正抱着他的宝儿，坐在床沿上，纺车静静的立在地上。黑沉沉的灯光，照着宝儿的脸，绯红里带一点青。单四嫂子心里计算：神签也求过了，愿心也许过了，单方也吃过了，要是还不见效，怎么好？——那只有去诊何小仙了。但宝儿也许是日轻夜重，到了明天，太阳一出，热也会退，气喘也会平的：这实在是病人常有的事。

单四嫂子是一个粗笨女人，不明白这“但”字的可怕：许多坏事固然幸亏有了他才变好，许多好事却也因为有了他都弄糟。夏天夜短，老拱们呜呜的唱完了不多时，东方已经发白；不一会，窗缝里透进了银白色的曙光。

单四嫂子等候天明，却不像别人这样容易，觉得非常之慢，宝儿的一呼吸，几乎长过一年。1现在居然明亮了；天的明亮，压倒了灯光，——看见宝儿的鼻翼，已经一放一收的扇动。

单四嫂子知道不妙，暗暗叫一声“阿呀！”心里计算：怎么好？只有去诊何小仙这一条路了。他虽然是粗笨女人，心里却有决断，便站起身，从木柜子里掏出每天节省下来的十三个小银元和一百八十铜钱，都装在衣袋里，锁上门，抱着宝儿直向何家奔过去。

天气还早，何家已经坐着四个病人了。他摸出四角银元，买了号签，第五个便轮到宝儿。何小仙伸开两个指头按脉，指甲足有四寸多长，单四嫂子暗地纳罕，心里计算：宝儿该有活命了。但总免不了着急，忍不住要问，便局局促促的说：

“先生，——我家的宝儿什么病呀？”

“他中焦塞着。”

“不妨事么？他……”

“先去吃两帖。”

“他喘不过气来，鼻翅子都扇着呢。”

“这是火克金……”2

何小仙说了半句话，便闭上眼睛；单四嫂子也不好意思再问。在何小仙对面坐着的一个三十多岁的人，此时已经开好一张药方，指着纸角上的几个字说道：

“这第一味保婴活命丸，须是贾家济世老店才有！”

单四嫂子接过药方，一面走，一面想。他虽是粗笨女人，却知道何家与济世老店与自己的家，正是一个三角点；自然是买了药回去便宜了。于是又径向济世老店奔过去。店伙也翘了长指甲慢慢的看方，慢慢的包药。3单四嫂子抱了宝儿等着；宝儿忽然擎起小

名师批注

1此处运用夸张的修辞手法写出了时间的难捱，表现了单四嫂子内心的焦急与紧张。

名师批注

2“中焦塞着”和“火克金”均为中医用语，何小仙对单四嫂子这个“粗笨女人”说专业术语，体现了他故弄玄虚、迂腐昏庸的特点。连同前文中对他“长指甲”的特写，更是将他庸医的形象刻画得入木三分。

名师批注

3店伙计的慢条斯理与单四嫂子的心急如焚形成鲜明的对比，批判了当时社会虚伪、麻木的社会风气。

手来，用力拔他散乱着的一绺头发，这是从来没有的举动，单四嫂子怕得发征。

太阳早出了。单四嫂子抱了孩子，带着药包，越走觉得越重；孩子又不住的挣扎，路也觉得越长。没奈何坐在路旁一家公馆的门槛上，休息了一会，衣服渐渐的冰着肌肤，才知道自己出了一身汗；宝儿却仿佛睡着了。他再起来慢慢地走，仍然支撑不得，耳朵边忽然听得人说："单四嫂子，我替你抱勃罗！"似乎是蓝皮阿五的声音。他抬头看时，正是蓝皮阿五，睡眼朦胧的跟着他走。

单四嫂子在这时候，虽然很希望降下一员天将，助他一臂之力，却不愿是阿五。但阿五有点侠气，无论如何，总是偏要帮忙，所以推让了一会，终于得了许可了。他便伸开臂膊，从单四嫂子的乳房和孩子中间，直伸下去，抱去了孩子。单四嫂子便觉乳房上发了一条热，刹时间直热到脸上和耳根。

他们两人离开了二尺五寸多地，一同走着。阿五说些话，单四嫂子却大半没有答。走了不多时候，阿五又将孩子还给他，说是昨天与朋友约定的吃饭时候到了；单四嫂子便接了孩子。幸而不远便是家，早看见对门的王九妈在街边坐着，远远地说话："单四嫂子，孩子怎了？——看过先生了么？"

"看是看了。——王九妈，你有年纪，见的多，不如请你老法眼看一看，怎样……"

"唔……"

"怎样……？"

"唔……"王九妈端详了一番，把头点了两点，摇了两摇。

宝儿吃下药，已经是午后了。单四嫂子留心看他神情，似乎仿佛平稳了不少；到得下午，忽然睁开眼叫一声"妈！"又仍然合上眼，像是睡去了。他睡了一刻，额上鼻尖都沁出一粒一粒的汗珠，单四嫂子轻轻一摸，胶水般粘着手；慌忙去摸胸口，便禁不住呜咽起来。

宝儿的呼吸从平稳变到没有，单四嫂子的声音也就从呜咽变成号咷。这时聚集了几堆人：门内是王九妈蓝皮阿五之类，门外是咸亨的掌柜和红鼻子老拱之类。王九妈便发命令，烧了一串纸钱；又将两条板凳和五件衣服作抵，替单四嫂子借了两块洋钱，给帮忙的人备饭。

第一个问题是棺木。单四嫂子还有一副银耳环和一支裹金的银簪，都交给了咸亨的掌柜，托他作一个保，半现半赊的买一具棺木。蓝皮阿五也伸出手来，很愿意自告奋勇；王九妈却不许他，只准他明天抬棺材的差使，阿五骂了一声"老畜生"，怏怏的努了嘴站着。掌柜便自去了；晚上回来，说棺木须得现做，后半夜才成功。掌柜回来的时候，帮忙的人早吃过饭；因为鲁镇还有些古风，所以不上一更，便都回家睡觉了。只有阿五还靠着咸亨的柜台喝酒，老拱也呜呜的唱。

这时候，单四嫂子坐在床沿上哭着，宝儿在床上躺着，纺车静静的在地上立着。许多工夫，单四嫂子的眼泪宣告完结了，眼睛张得很大，看看四面的情形，觉得奇怪：所有的都是不会有的事。他心里计算：不过是梦罢了，这些事都是梦。明天醒过来，自己好好的睡在床上，宝儿也好好的睡在自己身边。他也醒过来，叫一声“妈”，生龙活虎似的跳去玩了。

老拱的歌声早经寂静，咸亨也熄了灯。单四嫂子张着眼，总不信所有的事。——鸡也叫了；东方渐渐发白，窗缝里透进了银白色的曙光。

银白的曙光又渐渐显出绯红，太阳光接着照到屋脊。单四嫂子张着眼，呆呆坐着；听得打门声音，才吃了一吓，跑出去开门。门外一个不认识的人，背了一件东西；后面站着王九妈。哦，他们背了棺材来了。

下半天，棺木才合上盖：因为单四嫂子哭一回，看一回，总不肯死心塌地的盖上；幸亏王九妈等得不耐烦，气愤愤的跑上前，一把拖开他，才七手八脚的盖上了。

但单四嫂子待他的宝儿，实在已经尽了心，再没有什么缺陷。昨天烧过一串纸钱，上午又烧了四十九卷《大悲咒》；收敛的时候，给他穿上顶新的衣裳，平日喜欢的玩意儿，——一个泥人，两个小木碗，两个玻璃瓶，——都放在枕头旁边。后来王九妈掐着指头仔细推敲，也终于想不出一些什么缺陷。

这一日里，蓝皮阿五简直整天没有到；咸亨掌柜便替单四嫂子雇了两名脚夫，每名二百另十个大钱，抬棺木到义冢地上安放。王九妈又帮他煮了饭，凡是动过手开过口的人都吃了饭。太阳渐渐显出要落山的颜色；吃过饭的人也不觉都显出要回家的颜色，——于是他们终于都回了家。

单四嫂子很觉得头眩，歇息了一会，倒居然有点平稳了。但他接连着便觉得很异样：遇到了平生没有遇到过的事，不像会有的事，然而的确出现了。他越想越奇，又感到一件异样的事——这屋子忽然太静了。他站起身，点上灯火，屋子越显得静。他昏昏的走去关上门，回来坐在床沿上，纺车静静的立在地上。他定一定神，四面一看，更觉得坐立不得，屋子不但太静，而且也太大了，东西也太空了。太大的屋子四面包围着他，太空的东西四面压着他，叫他喘气不得。

他现在知道他的宝儿确乎死了；不愿意见这屋子，吹熄了灯，躺着。他一面哭，一面想：想那时候，自己纺着棉纱，宝儿坐在身边吃茴香豆，瞪着一双小黑眼睛想了一刻，便说，“妈！爹卖馄饨，我大了也卖馄饨，卖许多许多钱，——我都给你。”那时候，真是连纺出的棉纱，也仿佛寸寸都有意思，寸寸都活着。但现在怎么了？现在的事，单四嫂子却实在没有想到什么。——我早经说过：他是粗笨女人。他能想出什么呢？他单觉得这屋子太静，太大，太空罢了。

但单四嫂子虽然粗笨，却知道还魂是不能有的事，他的宝儿也的确不能再见了。叹一口气，自言自语的说，“宝儿，你该还在这里，你给我梦里见见罢。”于是合上眼，想赶快睡去，会他的宝儿，苦苦的呼吸通过了静和大和空虚，自己听得明白。

单四嫂子终于朦朦胧胧的走入睡乡，全屋子都很静。这时红鼻子老拱的小曲，也早经唱完；跄跄踉踉出了咸亨，却又提尖了喉咙，唱道：

“我的冤家呀！——可怜你，——孤另另的……”

蓝皮阿五便伸手揪住了老拱的肩头，两个人七歪八斜的笑着挤着走去。

单四嫂子早睡着了，老拱们也走了，咸亨也关上门了。这时的鲁镇，便完全落在寂静里。只有那暗夜为想变成明天，却仍在这寂静里奔波；另有几条狗，也躲在暗地里呜呜的叫。

一九二〇年六月。

名师/赏析 Learning

因为带有未知与不确定性，明天总是被我们赋予神秘的色彩，我们也习惯把今天的希望寄托在明天身上。但并不是所有美好的希望都能成真，对于痛失爱子的寡母单四嫂子来说，多少个明天也只不过是绝望的等待、徒劳的悲伤。在本文中，作者多次提到单四嫂子是一个“粗笨”的女人，这种粗笨意指愚昧无知，正是这种“粗笨”使得庸医何小仙有机可乘，害了宝儿性命。可单四嫂子的“粗笨”是有原因的，是社会的麻木，群众的冷眼旁观造成的。单四嫂子知道她没钱，也没人愿意帮她，所以她只好自我麻痹，寄希望于明天。单四嫂子是时代的牺牲品，是个可怜的女人，她幻想“明天”会变好，但她的悲剧是由那个黑暗的社会大环境造成的，只要封建制度一天不废除，她的明天又怎会有光亮？

延伸/思考 Thinking

宝儿死后，邻居们对单四嫂子的帮助是发自内心的吗？他们的真实目的是什么？

一件小事

名师/导读 Reading

《一件小事》发表于1920年，此时正处于五四运动影响最盛的时期，鲁迅先生用这样一篇一千余字的短文，表达了他对下层劳动人民朴素而深沉的爱，也表现了其倡导向劳动人民学习的新思想，具有深远的社会意义。本文短小精悍，内容深邃，是现代小说中传颂较广的名篇之一。

我从乡下跑进京城里，一转眼已经六年了。其间耳闻目睹的所谓国家大事，算起来也很不少；但在我心里，都不留什么痕迹，倘要我寻出这些事的影响来说，便只是增长了我的坏脾气，——老实说，便是教我一天比一天的看不起人。

但有一件小事，却于我有意义，将我从坏脾气里拖开，使我至今忘记不得。

这是民国六年的冬天，大北风刮得正猛，我因为生计关系，不得不一早在路上走。一路几乎遇不见人，好容易才雇定了一辆人力车，教他拉到S门去。不一会，北风小了，路上浮尘早已刮净，剩下一条洁白的大道来，车夫也跑得更快。刚近S门，忽而车把上带着一个人，慢慢地倒了。

跌倒的是一个女人，花白头发，衣服都很破烂。伊从马路边上突然向车前横截过来；车夫已经让开道，但伊的破棉背心没有上扣，微风吹着，向外展开，所以终于兜着车把。幸而车夫早有点停步，否则伊定要栽一个大觔斗，跌到头破血出了。

伊伏在地上；车夫便也立住脚。我料定这老女人并没有伤，又没有别人看见，便很怪他多事，要自己惹出是非，也误了我的路。

我便对他说，“没有什么的。走你的罢！”

车夫毫不理会，——或者并没有听到，——却放下车子，扶那老女人慢慢起来，搀着臂膊立定，1问伊说：

“您怎么啦？”

“我摔坏了。”

我想，我眼见你慢慢倒地，怎么会摔坏呢，装腔作势罢了，这真可憎恶。车夫多事，也正是自讨苦吃，现在你自己想法去。

车夫听了这老女人的话，却毫不踌躇，仍然搀着伊的臂膊，便一步一步的向前走。我有些诧异，忙看前面，是一所巡警分驻所，大风之后，外面也不见人。这车夫扶着那老女人，便正是向那大门走去。

我这时突然感到一种异样的感觉，觉得他满身灰尘的后影，刹时高大了，而且愈走愈大，须仰视才见。而且他对于我，渐渐的又几乎变成一种威压，甚而至于要榨出皮袍下面藏着的“小”来。2

我的活力这时大约有些凝滞了，坐着没有动，也没有想，直到看见分驻所里走出一个巡警，才下了车。

巡警走近我说，“你自己雇车罢，他不能拉你了。”

我没有思索的从外套袋里抓出一大把铜元，交给巡警，说，“请你给他……”

风全住了，路上还很静。我走着，一面想，几乎怕敢想到我自己。以前的事姑且搁起，这一大把铜元又是什么意思？奖他么？我还能裁判车夫么？我不能回答自己。

这事到了现在，还是时时记起。我因此也时时熬了苦痛，努力的要想到我自己。几年来的文治武力，在我早如幼小时候所读过的“子曰诗云”一般，背不上半句了。独有这一件小事，却总是浮在我眼前，有时反更分明，教我惭愧，催我自新，并且增长我的勇气和希望。

一九二〇年七月。

名师批注

1将“我”的心理活动与车夫的行为进行对比，突出了车夫光明磊落、敢作敢当的高尚品质。

名师批注

2拉车的只是一个普通的劳动者，但他高尚的品格令人赞叹；而坐车的“我”自以为很清高，但我的行为实在是自私自利。此处，作者以自己的感受写出对下层劳动人民优秀品质的赞颂，同时也让我们看到新时代的知识分子勇于自省的勇气。

名师/赏析 Learning

这篇文章的题目是“一件小事”，描写的也是发生在普通人身上的一件小事，但鲁迅先生把这件小事写得很不平凡，把平凡普通的车夫写得光辉伟大，让这件小事有了震撼人心的力量。他用车夫的负责任和“我”的自私进行对比，增加了“我”的渺小感，突显出车夫的伟大。这样的对比间接而含蓄地突出了劳动者的朴实无私，也表现了鲁迅先生对劳动人民高尚品质的热烈歌颂。

“他满身灰尘的后影，刹时高大了，而且愈走愈大，须仰视才见。”其实，车夫的背影何止是在“我”的心中高大了，在我们每一个读者的心中，他都如高山一般耸立着。

延伸/思考 Thinking

1.分明是“一件小事”，“我”为什么久久难忘。

2.在你的身边是否也发生过让你印象深刻的“一件小事”，说出来与大家交流一下吧！

知识/拓展 Studying

五四运动

第一次世界大战后，1919年1月，战胜国在巴黎召开“和平会议”，中国作为战胜国也参加了这次和会。然而，在此次会议上，西方列强不顾中国反对，要将德国在中国山东的特权转让给日本。消息传到国内，中国人民心中积压已久的怒火如火山般爆发了。1919年5月4日，北京大学等学校的3000多名学生在天安门前集会演讲，并于之后游行示威，提出“外争主权，内除国贼”“取消二十一条”“拒绝和约签字”等要求。第二天，北京的学生举行了总罢课，各地学生纷纷支持北京学生的反帝爱国运动。6月初，北京学生在街上进行大规模的爱国宣传活动，遭到北洋军阀的镇压，800多名学生被捕。消息传出后，为支持学生运动，上海工人罢工、商人罢市，继而影响到全国。至此，工人阶级开始登上政治的舞台。五四运动是中国人民彻底反对帝国主义、封建主义的爱国运动。正是在这场运动中，许多知识分子在普通民众的身上看到了中国希望之所在，并提出来“劳工神圣”的口号。鲁迅的《一件小事》，正是在这样的背景下诞生的。

头发的故事

名师/导读 Reading

✷ 这篇文章主要记述的是N先生由“头发的故事”而引发的一系列感慨。借此，作者清晰地向我们展示出当时整个社会的面貌：政府的统治依然腐败，国民依旧麻木不堪，中华大地依旧处于水深火热之中。作者借N先生的嘴深刻地揭示出辛亥革命的不彻底，在调侃中引发人们对于民族与历史的深深思考。

星期日的早晨，我揭去一张隔夜的日历，向着新的那一张上看了又看的说：

“阿，十月十日，——今天原来正是双十节。这里却一点没有记载！”

我的一位前辈先生N，正走到我的寓里来谈闲天，一听这话，便很不高兴的对我说：“他们对！他们不记得，你怎样他；你记得，又怎样呢？”

这位N先生本来脾气有点乖张，时常生些无谓的气，说些不通世故的话。当这时候，我大抵任他自言自语，不赞一辞；他独自发完议论，也就算了。

他说：

“我最佩服北京双十节的情形。早晨，警察到门，吩咐道‘挂旗！’‘是，挂旗！’各家大半懒洋洋的踱出一个国民来，撅起一块斑驳陆离的洋布[①]。这样一直到夜，——收了旗关门；几家偶然忘却的，便挂到第二天的上午。

“他们忘却了纪念，纪念也忘却了他们！

① 斑驳陆离的洋布：指辛亥革命后至1927年这一时期旧中国的国旗，也叫五色旗。

“我也是忘却了纪念的一个人。倘使纪念起来，那第一个双十节前后的事，便都上我的心头，使我坐立不稳了。

“多少故人的脸，都浮在我眼前。几个少年辛苦奔走了十多年，暗地里一颗弹丸要了他的性命；几个少年一击不中，在监牢里身受一个多月的苦刑；几个少年怀着远志，忽然踪影全无，连尸首也不知那里去了。——

“他们都在社会的冷笑恶骂迫害倾陷里过了一生；现在他们的坟墓也早在忘却里渐渐平塌下去了。

“我不堪纪念这些事。

“我们还是记起一点得意的事来谈谈罢。”

N忽然现出笑容，伸手在自己头上一摸，高声说：

“我最得意的是自从第一个双十节以后，我在路上走，不再被人笑骂了。

“老兄，你可知道头发是我们中国人的宝贝和冤家，古今来多少人在这上头吃些毫无价值的苦呵！

“我们的很古的古人，对于头发似乎也还看轻。据刑法看来，最要紧的自然是脑袋，所以大辟是上刑；次要便是生殖器了，所以宫刑和幽闭也是一件吓人的罚；至于髡，那是微乎其微了，然而推想起来，正不知道曾有多少人们因为光着头皮便被社会践踏了一生世。

“我们讲革命的时候，大谈什么扬州三日，嘉定屠城，其实也不过一种手段；老实说：那时中国人的反抗，何尝因为亡国，只是因为拖辫子。

“顽民杀尽了，遗老都寿终了，辫子早留定了，洪杨又闹起来了。我的祖母曾对我说，那时做百姓才难哩，全留着头发的被官兵杀，还是辫子的便被长毛杀！

“我不知道有多少中国人只因为这不痛不痒的头发而吃苦，受难，灭亡。”

N两眼望着屋梁，似乎想些事，仍然说：

“谁知道头发的苦轮到我了。

“我出去留学，便剪掉了辫子，这并没有别的奥妙，只为他太不便当罢了。不料有几位辫子盘在头顶上的同学们便很厌恶我；监督也大怒，说要停了我的官费，送回中国去。

“不几天，这位监督却自己被人剪去辫子逃走了。去剪的人们里面，一个便是做《革命军》的邹容，这人也因此不能再留学，回到上海来，后来死在西牢里。你也早已忘却了罢？

“过了几年，我的家景大不如前了，非谋点事做便要受饿，只得也回到中国来。我一到上海，便买定一条假辫子，那时是二元的市价，带着回家。我的母亲倒也不说什么，然而旁人一见面，便都首先研究这辫子，待到知道是假，就一声冷笑，将我拟为杀头的罪名；有一位本家，还预备去告官，但后来因为恐怕革命党的造反或者要成功，这才中止了。

“我想，假的不如真的直截爽快，我便索性废了假辫子，穿着西装在街上走。

“一路走去，一路便是笑骂的声音，有的还跟在后面骂：‘这冒失鬼！’‘假洋鬼子！’

“我于是不穿洋服了，改了大衫，他们骂得更利害。

“在这日暮途穷的时候，我的手里才添出一支手杖来，拚命的打了几回，他们渐渐的不骂了。只是走到没有打过的生地方还是骂。

“这件事很使我悲哀，至今还时时记得哩。我在留学的时候，曾经看见日报上登载一个游历南洋和中国的本多博士的事；这位博士是不懂中国和马来语的，人问他，你不懂话，怎么走路呢？他拿起手杖来说，这便是他们的话，他们都懂！我因此气愤了好几天，谁知道我竟不知不觉的自己也做了，而且那些人都懂了。……

“宣统初年，我在本地的中学校做监学，同事是避之惟恐不远，官僚是防之惟恐不严，我终日如坐在冰窖子里，如站在刑场旁边，其实并非别的，只因为缺少了一条辫子！

“有一日，几个学生忽然走到我的房里来，说，‘先生，我们要剪辫子了。’我说，‘不行！’‘有辫子好呢，没有辫子好呢？’‘没有辫子好……’‘你怎么说不行呢？’‘犯不上，你们还是不剪上算，——等一等罢。’他们不说什么，撅着嘴唇走出房去；然而终于剪掉了。

“呵！不得了了，人言啧啧了；我却只装作不知道，一任他们光着头皮，和许多辫子一齐上讲堂。

“然而这剪辫病传染了；第三天，师范学堂的学生忽然也剪下了六条辫子，晚上便开除了六个学生。这六个人，留校不能，回家不得，一直挨到第一个双十节之后又一个多月，才消去了犯罪的火烙印。

“我呢？也一样，只是元年冬天到北京，还被人骂过几次，后来骂我的人也被警察剪去了辫子，我就不再被人辱骂了；但我没有到乡间去。”

N显出非常得意模样，忽而又沉下脸来：

“现在你们这些理想家，又在那里嚷什么女子剪发了，又要造出许多毫无所得而痛苦的人！

“现在不是已经有剪掉头发的女人，因此考不进学校去，或者被学校除了名么？

“改革么，武器在那里？工读么，工厂在那里？

“仍然留起，嫁给人家做媳妇去：忘却了一切还是幸福，倘使伊记着些平等自由的话，便要苦痛一生世！

“我要借了阿尔志跋绥夫的话问你们：你们将黄金时代的出现豫约给这些人们的子孙了，但有什么给这些人们自己呢？

“阿，造物的皮鞭没有到中国的脊梁上时，中国便永远是这一样的中国，决不肯自己改变一支毫毛！

“你们的嘴里既然并无毒牙，何以偏要在额上帖起‘蝮蛇’两个大字，引乞丐来打杀？……”

N愈说愈离奇了，但一见到我不很愿听的神情，便立刻闭了口，站起来取帽子。

我说，“回去么？”

他答道，“是的，天要下雨了。”

我默默的送他到门口。

他戴上帽子说：

“再见！请你恕我打搅，好在明天便不是双十节，我们统可以忘却了。”

一九二〇年十月。

名师/赏析 Learning

从结构形式上来看，《头发的故事》这篇小说无疑是推陈出新的，全文两千余字，但叙述类的语句却不超过三百字，其余大部分都是主人公N先生的独白。小说通篇没有完整、紧凑、集中的情节，也没有真正意义上的对人物形象的塑造，但这种特殊的结构却形成了独特的视角与观点，使文章对主旨的表达更具表现力，深刻地说明了辛亥革命的妥协性与不彻底性。辛亥革命革掉的仅仅是一条辫子，真正需要扫除的封建顽固势力仍然盘踞在普通民众的心中，作者也借此抒发了自己的悲愤忧郁之情。

延伸/思考 Thinking

小说名为“头发的故事”，为什么多次提及对双十节的纪念呢？

风波

名师/导读 Reading

《风波》以江南的一个小村庄为背景，以辫子所引发的一场风波为线索，深刻地揭示出辛亥革命后广大农村的真实面貌，令读者感受到欲要革命，必先救民的真理。全文讽刺意味极强，彰显了鲁迅冷静的关照社会人生的现实主义精神。

临河的土场上，太阳渐渐的收了他通黄的光线了。场边靠河的乌桕树叶，干巴巴的才喘过气来，几个花脚蚊子在下面哼着飞舞。面河的农家的烟突里，逐渐减少了炊烟，女人孩子们都在自己门口的土场上泼些水，放下小桌子和矮凳；人知道，这已经是晚饭时候了。[1]

老人男人坐在矮凳上，摇着大芭蕉扇闲谈，孩子飞也似的跑，或者蹲在乌桕树下赌玩石子。女人端出乌黑的蒸干菜和松花黄的米饭，热蓬蓬冒烟。河里驶过文人的酒船，文豪见了，大发诗兴，说，“无思无虑，这真是田家乐呵！”

但文豪的话有些不合事实，就因为他们没有听到九斤老太的话。这时候，九斤老太正在大怒，拿破芭蕉扇敲着凳脚说：

“我活到七十九岁了，活够了，不愿意眼见这些败家相，——还是死的好。立刻就要吃饭了，还吃炒豆子，吃穷了一家子！”

名师批注

[1] 此段运用白描的手法描绘了一幅恬静的夏日黄昏图，为后文风波的出现蓄势。

伊的曾孙女儿六斤捏着一把豆，正从对面跑来，见这情形，便直奔河边，藏在乌桕树后，伸出双丫角的小头，大声说，“这老不死的！”

九斤老太虽然高寿，耳朵却还不很聋，但也没有听到孩子的话，仍旧自己说，“这真是一代不如一代！”

这村庄的习惯有点特别，女人生下孩子，多喜欢用秤称了轻重，便用斤数当作小名。九斤老太自从庆祝了五十大寿以后，便渐渐的变了不平家，常说伊年青的时候，天气没有现在这般热，豆子也没有现在这般硬：总之现在的时世是不对了。何况六斤比伊的曾祖，少了三斤，比伊父亲七斤，又少了一斤，这真是一条颠扑不破的实例。所以伊又用劲说，“这真是一代不如一代！”

伊的儿媳七斤嫂子正捧着饭篮走到桌边，便将饭篮在桌上一摔，愤愤的说，“你老人家又这么说了。六斤生下来的时候，不是六斤五两么？你家的秤又是私秤，加重称，十八两秤；用了准十六，我们的六斤该有七斤多哩。我想便是太公和公公，也不见得正是九斤八斤十足，用的秤也许是十四两……”

“一代不如一代！”

七斤嫂还没有答话，忽然看见七斤从小巷口转出，便移了方向，对他嚷道，“你这死尸怎么这时候才回来，死到那里去了！不管人家等着你开饭！”

七斤虽然住在农村，却早有些飞黄腾达的意思。从他的祖父到他，三代不捏锄头柄了；他也照例的帮人撑着航船，每日一回，早晨从鲁镇进城，傍晚又回到鲁镇，因此很知道些时事：例如什么地方，雷公劈死了蜈蚣精；什么地方，闺女生了一个夜叉之类。他在村人里面，的确已经是一名出场人物了。但夏天吃饭不点灯，却还守着农家习惯，所以回家太迟，是该骂的。

七斤一手捏着象牙嘴白铜斗六尺多长的湘妃竹烟管，低着头，慢慢地走来，坐在矮凳上。六斤也趁势溜出，坐在他身边，叫他爹爹。七斤没有应。

“一代不如一代！”九斤老太说。

七斤慢慢地抬起头来，叹一口气说，“皇帝坐了龙庭了。”

七斤嫂呆了一刻，忽而恍然大悟的道，“这可好了，这不是又要皇恩大赦了么！”

七斤又叹一口气，说，“我没有辫子。”

“皇帝要辫子么？”

“皇帝要辫子。”

“你怎么知道呢？”七斤嫂有些着急，赶忙的问。

“咸亨酒店里的人，都说要的。”

七斤嫂这时从直觉上觉得事情似乎有些不妙了，因为咸亨酒店是消息灵通的所在。伊一转眼瞥见七斤的光头，便忍不住动怒，怪他恨他怨他；忽然又绝望起来，装好一碗饭，搡在七斤的面前道，“还是赶快吃你的饭罢！哭丧着脸，就会长出辫子来么？”

太阳收尽了他最末的光线了，水面暗暗地回复过凉气来；土场上一片碗筷声响，人人的脊梁上又都吐出汗粒。七斤嫂吃完三碗饭，偶然抬起头，心坎里便禁不住突突地发跳。伊透过乌桕叶，看见又矮又胖的赵七爷正从独木桥上走来，而且穿着宝蓝色竹布的长衫。

赵七爷是邻村茂源酒店的主人，又是这三十里方圆以内的唯一的出色人物兼学问家；因为有学问，所以又有些遗老的臭味。他有十多本金圣叹批评的《三国志》，时常坐着一个字一个字的读；他不但能说出五虎将姓名，甚而至于还知道黄忠表字汉升和马超表字孟起。革命以后，他便将辫子盘在顶上，像道士一般；常常叹息说，倘若赵子龙在世，天下便不会乱到这地步了。七斤嫂眼睛好，早望见今天的赵七爷已经不是道士，却变成光滑头皮，乌黑发顶；伊便知道这一定是皇帝坐了龙庭，而且一定须有辫子，而且七斤一定是非常危险。因为赵七爷的这件竹布长衫，轻易是不常穿的，三年以来，只穿过两次：一次是和他呕气的麻子阿四病了的时候，一次是曾经砸烂他酒店的鲁大爷死了的时候；现在是第三次了，这一定又是于他有庆，于他的仇家有殃了。

七斤嫂记得，两年前七斤喝醉了酒，曾经骂过赵七爷是“贱胎”，所以这时便立刻直觉到七斤的危险，心坎里突突地发起跳来。

赵七爷一路走来，坐着吃饭的人都站起身，拿筷子点着自己的饭碗说，“七爷，请在我们这里用饭！”七爷也一路点头，说道“请请”，却一径走到七斤家的桌旁。七斤们连忙招呼，七爷也微笑着说“请请”，一面细细的研究他们的饭菜。

“好香的菜干，——听到了风声了么？”赵七爷站在七斤的后面七斤嫂的对面说。

“皇帝坐了龙庭了。”七斤说。

七斤嫂看着七爷的脸，竭力陪笑道，“皇帝已经坐了龙庭，几时皇恩大赦呢？”

“皇恩大赦？——大赦是慢慢的总要大赦罢。”七爷说到这里，声色忽然严厉起来，“但是你家七斤的辫子呢，辫子？这倒是要紧的事。你们知道：长毛时候，留发不留头，留头不留发，……”

七斤和他的女人没有读过书，不很懂得这古典的奥妙，但觉得有学问的七爷这么说，事情自然非常重大，无可挽回，便仿佛受了死刑宣告似的，耳朵里嗡的一声，再也说不出一句话。

“一代不如一代，——”九斤老太正在不平，趁这机会，便对赵七爷说，“现在的长毛，只是剪人家的辫子，僧不僧，道不道的。从前的长毛，这样的么？我活到七十九岁了，活够了。从前的长毛是——整匹的红缎子裹头，拖下去，拖下去，一直拖到脚跟；王爷是黄缎子，拖下去，黄缎子；红缎子，黄缎子，——我活够了，七十九岁了。”

七斤嫂站起身，自言自语的说，“这怎么好呢？这样的一班老小，都靠他养活的人，……”

赵七爷摇头道，“那也没法。没有辫子，该当何罪，书上都一条一条明明白白写着的。不管他家里有些什么人。”

七斤嫂听到书上写着，可真是完全绝望了；自己急得没法，便忽然又恨到七斤。伊用筷子指着他的鼻尖说，“这死尸自作自受！造反的时候，我本来说，不要撑船了，不要上城了。他偏要死进城去，滚进城去，进城便被人剪去了辫子。从前是绢光乌黑的辫子，现在弄得僧不僧道不道的。这囚徒自作自受，带累了我们又怎么说呢？这活死尸的囚徒……”

村人看见赵七爷到村，都赶紧吃完饭，聚在七斤家饭桌的周围。七斤自己知道是出场人物，被女人当大众这样辱骂，很不雅观，便只得抬起头，慢慢地说道：

“你今天说现成话，那时你……”

“你这活死尸的囚徒……”

看客中间，八一嫂是心肠最好的人，抱着伊的两周岁的遗腹子，正在七斤嫂身边看热闹；这时过意不去，连忙解劝说，“七斤嫂，算了罢。人不是神仙，谁知道未来事呢？便是七斤嫂，那时不也说，没有辫子倒也没有什么丑么？况且衙门里的大老爷也还没有告示，……”

七斤嫂没有听完，两个耳朵早通红了；便将筷子转过向来，指着八一嫂的鼻子，说，“阿呀，这是什么话呵！八一嫂，我自己看来倒还是一个人，会说出这样昏诞胡涂话么？那时我是，整整哭了三天，谁都看见；连六斤这小鬼也都哭，……”六斤刚吃完一大碗饭，拿了空碗，伸手去嚷着要添。七斤嫂正没好气，便用筷子在伊的双丫角中间，直扎下去，大喝道，“谁要你来多嘴！你这偷汉的小寡妇！”扑的一声，六斤手里的空碗落在地上了，恰巧又碰着一块砖角，立刻破成一个很大的缺口。七斤直跳起来，检起破碗，合上了检查一回，也喝道，“入娘的！”一巴掌打倒了六斤。六斤躺着哭，九斤老太拉了伊的手，连说着“一代不如一代”，一同走了。

八一嫂也发怒，大声说，“七斤嫂，你‘恨棒打人’……”

赵七爷本来是笑着旁观的；但自从八一嫂说了“衙门里的大老爷没有告示”这话以后，却有些生气了。这时他已经绕出桌旁，接着说，“‘恨棒打人’，算什么呢。大兵是就要到的。你可知道，这回保驾的是张大帅①，张大帅就是燕人张翼德的后代，他一支丈八蛇矛，就有万夫不当之勇，谁能抵挡他，”他两手同时捏起空拳，仿佛握着无形的蛇矛模样，向八一嫂抢进几步道，“你能抵挡他么！”

八一嫂正气得抱着孩子发抖，忽然见赵七爷满脸油汗，瞪着眼，准对伊冲过来，便十分害怕，不敢说完话，回身走了。赵七爷也跟着走去，众人一面怪八一嫂多事，一面让开路，几个剪过辫子重新留起的便赶快躲在人丛后面，怕他看见。赵七爷也不细心察访，通过人丛，忽然转入乌桕树后，说道“你能抵挡他么！”跨上独木桥，扬长去了。村人们呆呆站着，心里计算，都觉得自己确乎抵不住张翼德，因此也决定七斤便要没有性命。七斤既然犯了皇法，想起他往常对人谈论城中的新闻的时候，就不该含着长烟管显出那般骄傲模样，所以对于七斤的犯法，也觉得有些畅快。他们也仿佛想发些议论，却又觉得没有什么议论可发。嗡嗡的一阵乱嚷，蚊子都撞过赤膊身子，闯到乌桕树下去做市；他们也就慢慢地走散回家，关上门去睡觉。七斤嫂咕哝着，也收了家伙和桌子矮凳回家，关上门睡觉了。

七斤将破碗拿回家里，坐在门槛上吸烟；但非常忧愁，忘却了吸烟，象牙嘴六尺多长湘妃竹烟管的白铜斗里的火光，渐渐发黑了。他心里但觉得事情似乎十分危急，也想想些方法，想些计画，但总是非常模糊，贯穿不得：“辫子呢辫子？丈八蛇矛。一代不如一代！皇帝坐龙庭。破的碗须得上城去钉好。谁能抵挡他？书上一条一条写着。入娘的！……”

第二日清晨，七斤依旧从鲁镇撑航船进城，傍晚回到鲁镇，又拿着六尺多长的湘妃竹烟管和一个饭碗回村。他在晚饭席上，对九斤老太说，这碗是在城内钉合的，因为缺口大，所以要十六个铜钉，三文一个，一总用了四十八文小钱。

九斤老太很不高兴的说，“一代不如一代，我是活够了。三文钱一个钉；从前的钉，这样的么？从前的钉是……我活了七十九岁了，——”

此后七斤虽然是照例日日进城，但家景总有些黯淡，村人大抵回避着，不再来听他从城内得来的新闻。七斤嫂也没有好声气，还时常叫他“囚徒”。

---

①张大帅：指张勋，原为清朝军官，1917年7月1日他在北京扶持清废帝溥仪复辟，7月12日即告失败。

过了十多日，七斤从城内回家，看见他的女人非常高兴，问他说，“你在城里可听到些什么？”

“没有听到些什么。”

“皇帝坐了龙庭没有呢？”

“他们没有说。”

“咸亨酒店里也没有人说么？”

“也没人说。”

“我想皇帝一定是不坐龙庭了。我今天走过赵七爷的店前，看见他又坐着念书了，辫子又盘在顶上了，也没有穿长衫。”

“…………”

“你想，不坐龙庭了罢？”

“我想，不坐了罢。”

现在的七斤，是七斤嫂和村人又都早给他相当的尊敬，相当的待遇了。到夏天，他们仍旧在自家门口的土场上吃饭；大家见了，都笑嘻嘻的招呼。九斤老太早已做过八十大寿，仍然不平而且康健。六斤的双丫角，已经变成一支大辫子了；伊虽然新近裹脚，却还能帮同七斤嫂做事，捧着十八个铜钉的饭碗，在土场上一瘸一拐的往来。

一九二〇年十月。

名师/赏析 Learning

在这篇小说里，辫子被赋予了更深刻的内涵，它不仅是清王朝统治建立和消亡的一种标志，更是封建文化与国民精神枷锁的一种象征。作者通过张勋复辟事件所带来的辫子风波，展现了辛亥革命后中国农村的真实图景，揭示了辛亥革命的弊端，并由此指出要想消除复辟的危险、保护革命的成果，就必须彻底推翻封建主义的统治势力，彻底砸毁套在中国人民头上的精神枷锁。

延伸/思考 Thinking

在本文中，最让你印象深刻的是哪个人物？请简述他（她）的性格特征。

故乡 [精读]

名师/导读 Reading

✳ 小说以叙事主人公“我”回故乡的活动为线索，根据“我”的所见所闻所忆所感，着重描写了“两个”闰土和“两个”杨二嫂，从而反映了辛亥革命前后农村破产、农民生活贫苦的现实。同时，作者也深刻指出了由于受封建等级观念的影响，劳苦大众所受的精神上的束缚和人与人之间的冷漠、隔阂，由此表达了作者对现实的强烈不满和希望创造新生活的执着信念。

我冒了严寒，回到相隔二千余里，别了二十余年的故乡去。

时候既然是深冬；渐近故乡时，天气又阴晦了，冷风吹进船舱中，呜呜的响，从篷隙向外一望，苍黄的天底下，远近横着几个萧索的荒村，没有一些活气。我的心禁不住悲凉起来了。1

阿！这不是我二十年来时时记得的故乡？

我所记得的故乡全不如此。我的故乡好得多了。但要我记起他的美丽，说出他的佳处来，却又没有影像，没有言辞了。仿佛也就如此。于是我自己解释说：故乡本也如此，——虽然没有进步，也未必有如我所感的悲凉，这只是我自己心情的改变罢了，因为我这次回乡，本没有什么好心绪。2

我这次是专为了别他而来的。我们多年聚族而居的老屋，已

名师批注

1“阴晦”“冷风”“苍黄”“萧索”等词语形象地写出了故乡沉寂、荒凉、死气沉沉的景象。这里交代了小说的社会背景，也奠定了全文悲凉、冷清的情感基调。

名师批注

2眼前萧索的景象与“我”记忆中的故乡有很大的差异，心中既感疑惑又觉悲凉，只得自我安慰。

经公同卖给别姓了，交屋的期限，只在本年，所以必须赶在正月初一以前，永别了熟识的老屋，而且远离了熟识的故乡，搬家到我在谋食的异地去。

第二日清早晨我到了我家的门口了。瓦楞上许多枯草的断茎当风抖着，正在说明这老屋难免易主的原因。1几房的本家大约已经搬走了，所以很寂静。我到了自家的房外，我的母亲早已迎着出来了，接着便飞出了八岁的侄儿宏儿。2

我的母亲很高兴，但也藏着许多凄凉的神情，教我坐下，歇息，喝茶，且不谈搬家的事。宏儿没有见过我，远远的对面站着只是看。但我们终于谈到搬家的事。我说外间的寓所已经租定了，又买了几件家具，此外须将家里所有的木器卖去，再去增添。母亲也说好，而且行李也略已齐集，木器不便搬运的，也小半卖去了，只是收不起钱来。“你休息一两天，去拜望亲戚本家一回，我们便可以走了。”母亲说。

“是的。”

“还有闰土，他每到我家来时，总问起你，很想见你一回面。我已经将你到家的大约日期通知他，他也许就要来了。”3

这时候，我的脑里忽然闪出一幅神异的图画来：深蓝的天空中挂着一轮金黄的圆月，下面是海边的沙地，都种着一望无际的碧绿的西瓜，其间有一个十一二岁的少年，项带银圈，手捏一柄钢叉，向一匹猹尽力的刺去，那猹却将身一扭，反从他的胯下逃走了。4

这少年便是闰土。我认识他时，也不过十多岁，离现在将有三十年了；那时我的父亲还在世，家景也好，我正是一个少爷。那一年，我家是一件大祭祀的值年。这祭祀，说是三十多年才能轮到一回，所以很郑重；正月里供祖像，供品很多，祭器很讲究，拜的人也很多，祭器也很要防偷去。我家只有一个忙月（我们这里给人做工的分三种：整年给一定人家做工的叫长年；按日给人做工的叫短工；自己也种地，只在过年过节以及收租时候来给一定的人家做工的称忙月），忙不过来，他便对父亲说，可以叫他的儿子闰土来管祭器的。

我的父亲允许了；我也很高兴，因为我早听到闰土这名字，

名师批注

1“抖”字如电影的特写镜头一般，使一派肃杀之气扑面而来。同时也为这萧索、荒芜的景象平添了几分凄凉。

名师批注

2一个“飞”字活化出了宏儿见到亲人的喜悦心情，与大人的悲凉心境形成鲜明对比。

名师批注

3由母亲的话自然地引出闰土，为下文的回忆与闰土的出现埋下了伏笔。

名师批注

4清朗明快的景物与朝气蓬勃的少年融于一个画面，充满动感与活力。这二者相映成趣，富于梦幻色彩，与现实中的故乡形成鲜明的对比，体现了“我”对童年美好生活的眷恋。

而且知道他和我仿佛年纪，闰月生的，五行缺土，所以他的父亲叫他闰土。他是能装弶捉小鸟雀的。

我于是日日盼望新年，新年到，闰土也就到了。好容易到了年末，有一日，母亲告诉我，闰土来了，我便飞跑的去看。他正在厨房里，紫色的圆脸，头戴一顶小毡帽，颈上套一个明晃晃的银项圈，这可见他的父亲十分爱他，怕他死去，所以在神佛面前许下愿心，用圈子将他套住了。他见人很怕羞，只是不怕我，没有旁人的时候，便和我说话，于是不到半日，我们便熟识了。1

我们那时候不知道谈些什么，只记得闰土很高兴，说是上城之后，见了许多没有见过的东西。

第二日，我便要他捕鸟。他说："这不能。须大雪下了才好。我们沙地上，下了雪，我扫出一块空地来，用短棒支起一个大竹匾，撒下秕谷，看鸟雀来吃时，我远远地将缚在棒上的绳子只一拉，那鸟雀就罩在竹匾下了。2什么都有：稻鸡，角鸡，鹁鸪，蓝背……"

我于是又很盼望下雪。

闰土又对我说："现在太冷，你夏天到我们这里来。我们日里到海边检贝壳去，红的绿的都有，鬼见怕也有，观音手也有。晚上我和爹管西瓜去，你也去。"

"管贼么？"

"不是。走路的人口渴了摘一个瓜吃，我们这里是不算偷的。要管的是獾猪，刺猬，猹。3月亮地下，你听，啦啦的响了，猹在咬瓜了。你便捏了胡叉，轻轻地走去……"

我那时并不知道这所谓猹的是怎么一件东西——便是现在也没有知道——只是无端的觉得状如小狗而很凶猛。

"他不咬人么？"

"有胡叉呢。走到了，看见猹了，你便刺。这畜生很伶俐，倒向你奔来，反从胯下窜了。他的皮毛是油一般的滑……"

我素不知道天下有这许多新鲜事：海边有如许五色的贝壳；西瓜有这样危险的经历，我先前单知道他在水果店里出卖罢了。

"我们沙地里，潮汛要来的时候，就有许多跳鱼儿只是跳，都有青蛙似的两个脚……"

名师批注

1作者着重描写了少年闰土的健康活泼及他对"我"热络的态度，说明少年的"我"与少年闰土之间没有人与人之间不平等的观念，与后文中年闰土的形象及中年的"我"与闰土之间的关系出现隔膜形成鲜明的对比。

名师批注

2此处用一连串的动词生动地再现了闰土教"我"雪天捕鸟的画面，反映了他捕鸟技术的娴熟。

名师批注

3闰土的话反映了乡下人的质朴纯良，体现了他们单纯善良的性格特征。

阿！闰土的心里有无穷无尽的希奇的事，都是我往常的朋友所不知道的。他们不知道一些事，闰土在海边时，他们都和我一样只看见院子里高墙上的四角的天空。1

可惜正月过去了，闰土须回家里去，我急得大哭，他也躲到厨房里，哭着不肯出门，但终于被他父亲带走了。他后来还托他的父亲带给我一包贝壳和几支很好看的鸟毛，我也曾送他一两次东西，但从此没有再见面。

现在我的母亲提起了他，我这儿时的记忆，忽而全都闪电似的苏生过来，似乎看到了我的美丽的故乡了。2我应声说："这好极！他，——怎样？……"

"他？……他景况也很不如意……"母亲说着，便向房外看，"这些人又来了。说是买木器，顺手也就随便拿走的，我得去看看。"母亲站起身，出去了。门外有几个女人的声音。我便招宏儿走近面前，和他闲话：问他可会写字，可愿意出门。

"我们坐火车去么？"

"我们坐火车去。"

"船呢？"

"先坐船，……"

"哈！这模样了！胡子这么长了！"一种尖利的怪声突然大叫起来。3

我吃了一吓，赶忙抬起头，却见一个凸颧骨，薄嘴唇，五十岁上下的女人站在我面前，两手搭在髀间，没有系裙，张着两脚，正像一个画图仪器里细脚伶仃的圆规。4

我愕然了。

"不认识了么？我还抱过你咧！"

我愈加愕然了。幸而我的母亲也就进来，从旁说：

"他多年出门，统忘却了。你该记得罢，"便向着我说，"这是斜对门的杨二嫂，……开豆腐店的。"

哦，我记得了。我孩子时候，在斜对门的豆腐店里确乎终日坐着一个杨二嫂，人都叫伊"豆腐西施"。但是擦着白粉，颧骨没有这么高，嘴唇也没有这么薄，而且终日坐着，我也从没有见过这

名师批注

1 少年闰土丰富的生活阅历把"我"带出了院子里的高墙，让"我"看到了一个广阔、充实、无比美好的世界，表现了"我"对闰土的喜爱与佩服。

名师批注

2 这段话自然地把读者的思绪从过去的故乡带到现实的故乡，表明插叙结束，使文章条理清楚，过渡自然。

名师批注

3 未见其人，先闻其声，杨二嫂的出场极具特色，同时引出下文对她的具体刻画。

名师批注

4 用"圆规"来比喻杨二嫂，新颖、生动、形象，带有漫画色彩。

圆规式的姿势。那时人说：因为伊，这豆腐店的买卖非常好。但这大约因为年龄的关系，我却并未蒙着一毫感化，所以竟完全忘却了。然而圆规很不平，显出鄙夷的神色，仿佛嗤笑法国人不知道拿破仑，美国人不知道华盛顿似的，1冷笑说：

“忘了？这真是贵人眼高……”

“那有这事……我……”我惶恐着，站起来说。

“那么，我对你说。迅哥儿，你阔了，搬动又笨重，你还要什么这些破烂木器，让我拿去罢。我们小户人家，用得着。”

“我并没有阔哩。我须卖了这些，再去……”

“阿呀呀，你放了道台了，还说不阔？你现在有三房姨太太；出门便是八抬的大轿，还说不阔？吓，什么都瞒不过我。”

我知道无话可说了，便闭了口，默默的站着。

“阿呀阿呀，真是愈有钱，便愈是一毫不肯放松，愈是一毫不肯放松，便愈有钱……”圆规一面愤愤的回转身，一面絮絮的说，慢慢向外走，顺便将我母亲的一副手套塞在裤腰里，出去了。2

此后又有近处的本家和亲戚来访问我。我一面应酬，偷空便收拾些行李，这样的过了三四天。

一日是天气很冷的午后，我吃过午饭，坐着喝茶，觉得外面有人进来了，便回头去看。我看时，不由的非常出惊，慌忙站起身，迎着走去。

这来的便是闰土。虽然我一见便知道是闰土，但又不是我这记忆上的闰土了。他身材增加了一倍；先前的紫色的圆脸，已经变作灰黄，而且加上了很深的皱纹；眼睛也像他父亲一样，周围都肿得通红，这我知道，在海边种地的人，终日吹着海风，大抵是这样的。他头上是一顶破毡帽，身上只一件极薄的棉衣，浑身瑟索着；手里提着一个纸包和一支长烟管，那手也不是我所记得的红活圆实的手，却又粗又笨而且开裂，像是松树皮了。3

我这时很兴奋，但不知道怎么说才好，只是说：

“阿！闰土哥，——你来了？……”我接着便有许多话，想要连珠一般涌出：角鸡，跳鱼儿，贝壳，猹，……但又总觉得被什么挡着似的，单在脑里面回旋，吐不出口外去。

名师批注

1 运用借代的修辞手法，用“圆规”代指杨二嫂。同时以“法国人不知道拿破仑，美国人不知道华盛顿”的荒唐可笑作类比，表现了杨二嫂对“我”的蔑视，充满刻薄的意味，气势也咄咄逼人。

名师批注

2 运用语言和动作描写，形象准确地刻画出杨二嫂的小市民嘴脸。

名师批注

3 “松树皮”的比喻形象而生动。这个手部细节的描绘，表明这双手经历了生活的艰辛，上面刻满了生活的磨难。

他站住了，脸上现出欢喜和凄凉的神情；动着嘴唇，却没有作声。他的态度终于恭敬起来了，分明的叫道：“老爷！……”[1]

我似乎打了一个寒噤；我就知道，我们之间已经隔了一层可悲的厚障壁了。我也说不出话。[2]

他回过头去说，“水生，给老爷磕头。”便拖出躲在背后的孩子来，这正是一个廿年前的闰土，只是黄瘦些，颈子上没有银圈罢了。“这是第五个孩子，没有见过世面，躲躲闪闪……”

母亲和宏儿下楼来了，他们大约也听到了声音。

“老太太。信是早收到了。我实在喜欢的了不得，知道老爷回来……”闰土说。

“阿，你怎的这样客气起来。你们先前不是哥弟称呼么？还是照旧：迅哥儿。”母亲高兴的说。

“阿呀，老太太真是……这成什么规矩。那时是孩子，不懂事……”闰土说着，又叫水生上来打拱，那孩子却害羞，紧紧的只贴在他背后。

“他就是水生？第五个？都是生人，怕生也难怪的；还是宏儿和他去走走。”母亲说。

宏儿听得这话，便来招水生，水生却松松爽爽同他一路出去了。母亲叫闰土坐，他迟疑了一回，终于就了坐，将长烟管靠在桌旁，递过纸包来，说：“冬天没有什么东西了。这一点干青豆倒是自家晒在那里的，请老爷……”

我问问他的景况。他只是摇头。

“非常难。第六个孩子也会帮忙了，却总是吃不够……又不太平……什么地方都要钱，没有定规……收成又坏。种出东西来，挑去卖，总要捐几回钱，折了本；不去卖，又只能烂掉……”

他只是摇头；脸上虽然刻着许多皱纹，却全然不动，仿佛石像一般。他大约只是觉得苦，却又形容不出，沉默了片时，便拿起烟管来默默的吸烟了。

母亲问他，知道他的家里事务忙，明天便得回去；又没有吃过午饭，便叫他自己到厨下炒饭吃去。

他出去了；母亲和我都叹息他的景况：多子，饥荒，苛税，

名师批注

[1]这一段传神的神态描写将闰土当时的内心变化表现得丝丝入扣。“欢喜”是由于终于见到了儿时的好友；“凄凉”则是有感于自己多年来所遭受的精神压迫和痛苦；“没有作声”是因为昔日的好伙伴变成了地位比自己高的“老爷”，一时不知怎样称呼；“终于”则表明闰土经过了很长的思想斗争，最后决定“恭敬起来”。

名师批注

[2]“厚障壁”是比喻的说法，比喻封建等级观念在闰土和“我”之间造成的冷漠与隔阂。

兵，匪，官，绅，都苦得他像一个木偶人了。1母亲对我说，凡是不必搬走的东西，尽可以送他，可以听他自己去拣择。下午，他拣好了几件东西：两条长桌，四个椅子，一副香炉和烛台，一杆抬秤。他又要所有的草灰（我们这里煮饭是烧稻草的，那灰，可以做沙地的肥料），待我们启程的时候，他用船来载去。夜间，我们又谈些闲天，都是无关紧要的话；第二天早晨，他就领了水生回去了。

又过了九日，是我们启程的日期。闰土早晨便到了，水生没有同来，却只带着一个五岁的女儿管船只。我们终日很忙碌，再没有谈天的工夫。来客也不少，有送行的，有拿东西的，有送行兼拿东西的。待到傍晚我们上船的时候，这老屋里的所有破旧大小粗细东西，已经一扫而空了。我们的船向前走，两岸的青山在黄昏中，都装成了深黛颜色，连着退向船后梢去。宏儿和我靠着船窗，同看外面模糊的风景，他忽然问道："大伯！我们什么时候回来？"

"回来？你怎么还没有走就想回来了。"

"可是，水生约我到他家玩去咧……"他睁着大的黑眼睛，痴痴的想。

我和母亲也都有些惘然，于是又提起闰土来。母亲说，那豆腐西施的杨二嫂，自从我家收拾行李以来，本是每日必到的，前天伊在灰堆里，掏出十多个碗碟来，议论之后，便定说是闰土埋着的，他可以在运灰的时候，一齐搬回家里去；杨二嫂发见了这件事，自己很以为功，便拿了那狗气杀（这是我们这里养鸡的器具，木盘上面有着栅栏，内盛食料，鸡可以伸进颈子去啄，狗却不能，只能看着气死），飞也似的跑了，亏伊装着这么高底的小脚，竟跑得这样快。2

老屋离我愈远了；故乡的山水也都渐渐远离了我，但我却并不感到怎样的留恋。我只觉得我四面有看不见的高墙，将我隔成孤身，使我非常气闷；3那西瓜地上的银项圈的小英雄的影像，我本来十分清楚，现在却忽地模糊了，又使我非常的悲哀。

母亲和宏儿都睡着了。

我躺着，听船底潺潺的水声，知道我在走我的路。我想：我竟与闰土隔绝到这地步了，但我们的后辈还是一气，宏儿不是正

名师批注

1寥寥数语便深刻地揭示了闰土命运悲惨的社会原因：帝国主义与封建主义两大黑暗势力对贫苦人民的残酷压榨。而"木偶人"的比喻则生动地刻画了闰土动作迟钝、表情呆滞的外貌特征。

名师批注

2这里插叙杨二嫂造谣、诬陷闰土的情节，是对人物形象的补叙，从而使杨二嫂这一形象更加完整、立体。

名师批注

3此处的"高墙"是虚写，是比喻的说法，指"我"与闰土之间、与故乡人之间隔着"厚障壁"，即封建意识、封建等级观念造成的隔膜。

在想念水生么。我希望他们不再像我，又大家隔膜起来……然而我又不愿意他们因为要一气，都如我的辛苦展转而生活，也不愿意他们都如闰土的辛苦麻木而生活，也不愿意都如别人的辛苦恣睢而生活。[1]他们应该有新的生活，为我们所未经生活过的。

我想到希望，忽然害怕起来了。闰土要香炉和烛台的时候，我还暗地里笑他，以为他总是崇拜偶像，什么时候都不忘却。现在我所谓希望，不也是我自己手制的偶像么？只是他的愿望切近，我的愿望茫远罢了。

我在朦胧中，眼前展开一片海边碧绿的沙地来，上面深蓝的天空中挂着一轮金黄的圆月。我想：希望是本无所谓有，无所谓无的。这正如地上的路；其实地上本没有路，走的人多了，也便成了路。[2]

一九二一年一月。

名师批注

[1]“辛苦展转”指的是像“我”一样奔波劳碌地生活；“辛苦麻木”指的是像闰土一样辛勤劳苦地生活；“辛苦恣睢”则指的是像杨二嫂那样蝇营狗苟、挖空心思地生活。

名师批注

[2]把“希望”比作“地上的路”，形象生动。小说结尾意在向人们发出号召：为了实现新生活，大家要走一条别人没有走过的创新之路，要勇于实践。

名师/赏析 Learning

1919年12月，鲁迅回故乡绍兴接母亲迁居北京，目睹了农村的凋敝和农民的凄苦，看到了少年时期的朋友章运水（闰土原型）的悲苦境况，内心受到极大震撼，便于1921年1月以这次回乡的经历为题材，写下了这篇小说。在小说中，鲁迅为了表现五四时期中国农村破败凋敝的真实图景，揭示农村危机背后的社会危机，多处采用了对比衬托的写作手法：故乡情景的前后二十年的对比，反映了中国农村经济的每况愈下，以及兵匪官绅给农民带来的无尽灾难；少年闰土和中年闰土的对比，反映了半殖民地半封建社会下农民命运的日益悲惨；“我”与闰土前后关系的对比，反映了封建等级观念的根深蒂固；“我”和闰土的关系与宏儿和水生的关系的对比，则反映了作者对未来生活的向往及他对改造旧生活的坚定信念。这一连串的对比层层深入，将尖锐的社会矛盾剖析得更加深刻，也使小说本身更富感染力。

延伸/思考 Thinking

小说的结尾表达了作者怎样的心愿？

阿Q正传 [精读]

名师/导读 Reading

国民劣根性是鲁迅先生一生都在探究的核心问题，而他手中的笔便是他解剖国人灵魂的手术刀，将国民在民族精神方面的消极特征——深刻彻底地暴露在读者面前。《阿Q正传》正是一场国民劣根性的总展览，是鲁迅先生将妄自尊大、自轻自贱、排外守旧、麻木愚昧、奴颜媚骨、投机钻营等“沉默的国民的魂灵”画出之后，为疗救这样病态的国民而发出的沉痛呐喊。

第一章　序

我要给阿Q做正传，已经不止一两年了。但一面要做，一面又往回想，这足见我不是一个“立言”①的人，因为从来不朽之笔，须传不朽之人，于是人以文传，文以人传——究竟谁靠谁传，渐渐的不甚了然起来，而终于归结到传阿Q，仿佛思想里有鬼似的。

然而要做这一篇速朽的文章，才下笔，便感到万分的困难了。第一是文章的名目。[1]孔子曰，“名不正则言不顺”。这原是应该极注意的。传的名目很繁多：列传，自传，内传，外传，别传，家传，小传……，而可惜都不合。“列传”么，这一篇并

名师批注

[1]将前文的“不朽”巧妙地化作“速朽”，既表现了阿Q身份的低微，也表现了作者谦逊的品质。

①“立言”：即著书立说，是我国古代所谓的“三不朽”（即“立德”“立功”“立言”）之一，出自《左传》。

非和许多阔人排在“正史”里；“自传”么，我又并非就是阿Q。说是“外传”，“内传”在那里呢？倘用“内传”，阿Q又决不是神仙。“别传”呢，阿Q实在未曾有大总统上谕宣付国史馆立“本传”——虽说英国正史上并无“博徒列传”，而文豪迭更司①也做过《博徒别传》这一部书，但文豪则可，在我辈却不可的。其次是“家传”，则我既不知与阿Q是否同宗，也未曾受他子孙的拜托；或“小传”，则阿Q又更无别的“大传”了。总而言之，这一篇也便是“本传”，但从我的文章着想，因为文体卑下，是“引车卖浆者流”所用的话，所以不敢僭称，便从不入三教九流的小说家所谓“闲话休题言归正传”这一句套话里，取出“正传”两个字来，作为名目，即使与古人所撰《书法正传》的“正传”字面上很相混，也顾不得了。1

名师批注

1“引车卖浆者流”是林琴南攻击白话文的话。作者在这里解释了文章题目的由来，与题目相呼应。

第二，立传的通例，开首大抵该是“某，字某，某地人也”，而我并不知道阿Q姓什么。有一回，他似乎是姓赵，但第二日便模糊了。那是赵太爷的儿子进了秀才的时候，锣声镗镗的报到村里来，阿Q正喝了两碗黄酒，便手舞足蹈的说，这于他也很光采，因为他和赵太爷原来是本家，细细的排起来他还比秀才长三辈呢。其时几个旁听人倒也肃然的有些起敬了。那知道第二天，地保便叫阿Q到赵太爷家里去；太爷一见，满脸溅朱，喝道：

“阿Q，你这浑小子！你说我是你的本家么？”

阿Q不开口。

赵太爷愈看愈生气了，抢进几步说：“你敢胡说！我怎么会有你这样的本家？你姓赵么？”

阿Q不开口，想往后退了；赵太爷跳过去，给了他一个嘴巴。

“你怎么会姓赵！——你那里配姓赵！”2

名师批注

2在中国封建社会，姓氏宗族是人们非常重视的一部分，所谓“天下同姓是一家”，拥有了某个姓氏，其实也就是得到了某个宗族的承认，因此，一些望族大姓往往会因姓氏而自豪。但阿Q既没有权势，又没什么背景，社会地位低得可怜，因此连姓氏都被人无情地剥夺了。同时，如此简短的一节描写，将赵太爷的语言和动作刻画得淋漓尽致，突出其蛮横霸道、盛气凌人的性格特征。

阿Q并没有抗辩他确凿姓赵，只用手摸着左颊，和地保退出去了；外面又被地保训斥了一番，谢了地保二百文酒钱。知道的人都说阿Q太荒唐，自己去招打；他大约未必姓赵，即使真姓赵，有赵

①迭更司：现译为狄更斯，英国小说家，代表作有《匹克威克外传》《雾都孤儿》等。《博徒别传》的作者其实是英国小说家柯南·道尔，这里是鲁迅的误记。鲁迅在1926年8月8日致韦素园的信中曾予以更正。

太爷在这里，也不该如此胡说的。此后便再没有人提起他的氏族来，所以我终于不知道阿Q究竟什么姓。

第三，我又不知道阿Q的名字是怎么写的。他活着的时候，人都叫他阿Quei，死了以后，便没有一个人再叫阿Quei了，那里还会有“著之竹帛”的事。若论“著之竹帛”，这篇文章要算第一次，所以先遇着了这第一个难关。我曾经仔细想：阿Quei，阿桂还是阿贵呢？倘使他号叫月亭，或者在八月间做过生日，那一定是阿桂了；而他既没有号——也许有号，只是没有人知道他，——又未尝散过生日征文的帖子：写作阿桂，是武断的。又倘若他有一位老兄或令弟叫阿富，那一定是阿贵了；而他又只是一个人：写作阿贵，也没有佐证的。其余音Quei的偏僻字样，更加凑不上了。先前，我也曾问过赵太爷的儿子茂才①先生，谁料博雅如此公，竟也茫然，但据结论说，是因为陈独秀办了《新青年》提倡洋字，所以国粹沦亡，无可查考了。1我的最后的手段，只有托一个同乡去查阿Q犯事的案卷，八个月之后才有回信，说案卷里并无与阿Quei的声音相近的人。我虽不知道是真没有，还是没有查，然而也再没有别的方法了。生怕注音字母还未通行，只好用了“洋字”，照英国流行的拼法写他为阿Quei，略作阿Q。这近于盲从《新青年》，自己也很抱歉，但茂才公尚且不知，我还有什么好办法呢。

第四，是阿Q的籍贯了。倘他姓赵，则据现在好称郡望的老例，可以照《郡名百家姓》上的注解，说是“陇西天水人也”，但可惜这姓是不甚可靠的，因此籍贯也就有些决不定。他虽然多住未庄，然而也常常宿在别处，不能说是未庄人，即使说是“未庄人也”，也仍然有乖史法的。

我所聊以自慰的，是还有一个“阿”字非常正确，绝无附会假借的缺点，颇可以就正于通人。至于其余，却都非浅学所能穿凿，2只希望有“历史癖与考据癖”的胡适之先生的门人们，将来或者能够寻出许多新端绪来，但是我这《阿Q正传》到那时却又怕早经消灭了。

①茂才：即秀才，东汉时因避光武帝刘秀的名讳，改秀才为茂才；后也沿用作秀才的别称。

名师批注

1 “陈独秀办了《新青年》提倡洋字”，指1918年前后钱玄同等人在陈独秀主办的《新青年》杂志上开展关于废除汉字、改用罗马字母拼音的讨论一事。这里的“博雅”与“国粹”是反语，讽刺了封建遗老遗少们的迂腐与颓废。

名师批注

2 对于一个活生生的人，其名字中只有一个“阿”字还算正确，这让人进一步认识到阿Q低下的社会地位，也从侧面反映出当时的封建等级观念对普通民众的残害。

以上可以算是序。

第二章　优胜记略

阿Q不独是姓名籍贯有些渺茫，连他先前的“行状”也渺茫。因为未庄的人们之于阿Q，只要他帮忙，只拿他玩笑，从来没有留心他的“行状”的。而阿Q自己也不说，独有和别人口角的时候，间或瞪着眼睛道：

“我们先前——比你阔的多啦！你算是什么东西！”1

阿Q没有家，住在未庄的土谷祠里；也没有固定的职业，只给人家做短工，割麦便割麦，舂米便舂米，撑船便撑船。工作略长久时，他也或住在临时主人的家里，但一完就走了。所以，人们忙碌的时候，也还记起阿Q来，然而记起的是做工，并不是“行状”；2一闲空，连阿Q都早忘却，更不必说“行状”了。只是有一回，有一个老头子颂扬说：“阿Q真能做！”这时阿Q赤着膊，懒洋洋的瘦伶仃的正在他面前，别人也摸不着这话是真心还是讥笑，然而阿Q很喜欢。

阿Q又很自尊，所有未庄的居民，全不在他眼睛里，甚而至于对于两位“文童”也有以为不值一笑的神情。夫文童者，将来恐怕要变秀才者也；赵太爷钱太爷大受居民的尊敬，除有钱之外，就因为都是文童的爹爹，而阿Q在精神上独不表格外的崇奉，他想：我的儿子会阔得多啦！加以进了几回城，阿Q自然更自负，然而他又很鄙薄城里人，譬如用三尺长三寸宽的木板做成的凳子，未庄叫“长凳”，他也叫“长凳”，城里人却叫“条凳”，他想：这是错的，可笑！油煎大头鱼，未庄都加上半寸长的葱叶，城里却加上切细的葱丝，他想：这也是错的，可笑！然而未庄人真是不见世面的可笑的乡下人呵，他们没有见过城里的煎鱼！3

阿Q“先前阔”，见识高，而且“真能做”，本来几乎是一个“完人”了，但可惜他体质上还有一些缺点。最恼人的是在他头皮上，颇有几处不知起于何时的癞疮疤。这虽然也在他身上，而看阿Q的意思，倒也似乎以为不足贵的，因为他讳说“癞”以及一切近于“赖”的音，后来推而广之，“光”也讳，“亮”也讳，再后

名师批注

1面对现实的穷困，阿Q只能用虚无缥缈的阔气来安慰自己，同时压倒别人，体现了他妄自尊大、自欺欺人的性格特点。

名师批注

2连一个正经的职业都没有，直接展现出阿Q的社会地位，也为阿Q以后的命运埋下伏笔。

名师批注

3阿Q的“自负”是针对未庄人而言的，表现了他的因循守旧，以为进过城就非常了不起的心态；而他“鄙薄城里人”则表现了他的妄自尊大与狭隘保守，这种矛盾的心态使他的精神得到了满足，由此催生了精神胜利法。

来，连“灯”“烛”都讳了。一犯讳，不问有心与无心，阿Q便全疤通红的发起怒来，估量了对手，口讷的他便骂，气力小的他便打；1然而不知怎么一回事，总还是阿Q吃亏的时候多。于是他渐渐的变换了方针，大抵改为怒目而视了。

谁知道阿Q采用怒目主义之后，未庄的闲人们便愈喜欢玩笑他。一见面，他们便假作吃惊的说：“哙，亮起来了。”

阿Q照例的发了怒，他怒目而视了。

“原来有保险灯在这里！”他们并不怕。

阿Q没有法，只得另外想出报复的话来：

“你还不配……”这时候，又仿佛在他头上的是一种高尚的光荣的癞头疮，并非平常的癞头疮了；但上文说过，阿Q是有见识的，他立刻知道和“犯忌”有点抵触，便不再往底下说。

闲人还不完，只撩他，于是终而至于打。阿Q在形式上打败了，被人揪住黄辫子，在壁上碰了四五个响头，闲人这才心满意足的得胜的走了，阿Q站了一刻，心里想，“我总算被儿子打了，现在的世界真不像样……”于是也心满意足的得胜的走了。2

阿Q想在心里的，后来每每说出口来，所以凡有和阿Q玩笑的人们，几乎全知道他有这一种精神上的胜利法，此后每逢揪住他黄辫子的时候，人就先一着对他说：

“阿Q，这不是儿子打老子，是人打畜生。自己说：人打畜生！”

阿Q两只手都捏住了自己的辫根，歪着头，说道：

“打虫豸，好不好？我是虫豸——还不放么？”3

但虽然是虫豸，闲人也并不放，仍旧在就近什么地方给他碰了五六个响头，这才心满意足的得胜的走了，他以为阿Q这回可遭了瘟。然而不到十秒钟，阿Q也心满意足的得胜的走了，他觉得他是第一个能够自轻自贱的人，除了“自轻自贱”不算外，余下的就是“第一个”。状元不也是“第一个”么？“你算是什么东西”呢？！

阿Q以如是等等妙法克服怨敌之后，便愉快的跑到酒店里喝几碗酒，又和别人调笑一通，口角一通，又得了胜，愉快的回到土谷祠，放倒头睡着了。假使有钱，他便去押牌宝，一堆人蹲在

名师批注

1发怒之后还要先衡量对手再行动，此处通过描写阿Q对犯讳者的不同态度，表现了他欺软怕硬的国民性弱点。

名师批注

2这样的心理安慰简直令人啼笑皆非，可阿Q竟能从中得到精神上的满足，这种不愿意面对失败的心理深刻反映了阿Q的自欺欺人。

名师批注

3打不过别人时的自轻自贱是阿Q的又一法宝，如果别人因此放了他，他便又获得了胜利。这样的精神胜利是他从奴隶生活中掌握的“技能”，表达了作者对国民奴性思想的深刻批判。

地面上，阿Q即汗流满面的夹在这中间，声音他最响：

“青龙四百！”

“咳~~开~~啦！”桩家揭开盒子盖，也是汗流满面的唱。“天门啦~~角回啦~~！人和穿堂空在那里啦~~！阿Q的铜钱拿过来~~！”

“穿堂一百——一百五十！”

阿Q的钱便在这样的歌吟之下，渐渐的输入别个汗流满面的人物的腰间。1他终于只好挤出堆外，站在后面看，替别人着急，一直到散场，然后恋恋的回到土谷祠，第二天，肿着眼睛去工作。

但真所谓“塞翁失马安知非福”罢，阿Q不幸而赢了一回，他倒几乎失败了。2

这是未庄赛神的晚上。这晚上照例有一台戏，戏台左近，也照例有许多的赌摊。做戏的锣鼓，在阿Q耳朵里仿佛在十里之外；他只听得桩家的歌唱了。他赢而又赢，铜钱变成角洋，角洋变成大洋，大洋又成了叠。他兴高采烈得非常：“天门两块！”

他不知道谁和谁为什么打起架来了。骂声打声脚步声，昏头昏脑的一大阵，他才爬起来，赌摊不见了，人们也不见了，身上有几处很似乎有些痛，似乎也挨了几拳几脚似的，几个人诧异的对他看。他如有所失的走进土谷祠，定一定神，知道他的一堆洋钱不见了。赶赛会的赌摊多不是本村人，还到那里去寻根柢呢？

很白很亮的一堆洋钱！而且是他的——现在不见了！说是算被儿子拿去了罢，总还是忽忽不乐；说自己是虫豸罢，也还是忽忽不乐：他这回才有些感到失败的苦痛了。

但他立刻转败为胜了。他擎起右手，用力的在自己脸上连打了两个嘴巴，热剌剌的有些痛；打完之后，便心平气和起来，似乎打的是自己，被打的是别一个自己，不久也就仿佛是自己打了别个一般，——虽然还有些热剌剌，——心满意足的得胜的躺下了。3

他睡着了。

第三章 续优胜记略

然而阿Q虽然常优胜，却直待蒙赵太爷打他嘴巴之后，这才出

名师批注

1在描写包括阿Q在内的赌徒时，作者多次运用了“汗流满面”一词，使赌徒们麻木、专注的形象得到了深化。

名师批注

2“不幸”与“赢”从表面来看虽然相互矛盾，但从实际来说，阿Q输钱却是幸运的，赢钱反而造就了更大的不幸，由此可见当时的社会已是怎样的黑白颠倒。

名师批注

3自己打自己，却想象成是在打别人，这种变态的心理平衡使阿Q的自欺欺人更加鞭辟入里。而阿Q连这样的失败也能以精神胜利法取得心理安慰，足以看出他的国民劣根性已经深入骨髓、无药可救。

了名。

他付过地保二百文酒钱，愤愤的躺下了，后来想："现在的世界太不成话，儿子打老子……"于是忽而想到赵太爷的威风，而现在是他的儿子了，便自己也渐渐的得意起来，爬起身，唱着《小孤孀上坟》到酒店去。这时候，他又觉得赵太爷高人一等了。

说也奇怪，从此之后，果然大家也仿佛格外尊敬他。这在阿Q，或者以为因为他是赵太爷的父亲，而其实也不然。未庄通例，倘如阿七打阿八，或者李四打张三，向来本不算一件事，必须与一位名人如赵太爷者相关，这才载上他们的口碑。一上口碑，则打的既有名，被打的也就托庇有了名。[1]至于错在阿Q，那自然是不必说。所以者何？就因为赵太爷是不会错的。但他既然错，为什么大家又仿佛格外尊敬他呢？这可难解，穿凿起来说，或者因为阿Q说是赵太爷的本家，虽然挨了打，大家也还怕有些真，总不如尊敬一些稳当。否则，也如孔庙里的太牢一般，虽然与猪羊一样，同是畜生，但既经圣人下箸，先儒们便不敢妄动了。[2]

阿Q此后倒得意了许多年。

有一年的春天，他醉醺醺的在街上走，在墙根的日光下，看见王胡在那里赤着膊捉虱子，他忽然觉得身上也痒起来了。这王胡，又癞又胡，别人都叫他王癞胡，阿Q却删去了一个癞字，然而非常渺视他。阿Q的意思，以为癞是不足为奇的，只有这一部络腮胡子，实在太新奇，令人看不上眼。他于是并排坐下去了。倘是别的闲人们，阿Q本不敢大意坐下去。但这王胡旁边，他有什么怕呢？老实说：他肯坐下去，简直还是抬举他。

阿Q也脱下破夹袄来，翻检了一回，不知道因为新洗呢还是因为粗心，许多工夫，只捉到三四个。他看那王胡，却是一个又一个，两个又三个，只放在嘴里毕毕剥剥的响。

阿Q最初是失望，后来却不平了：看不上眼的王胡尚且那么多，自己倒反这样少，这是怎样的大失体统的事呵！他很想寻一两个大的，然而竟没有，好容易才捉到一个中的，恨恨的塞在厚嘴唇里，狠命一咬，劈的一声，又不及王胡响。[3]他癞疮疤块块通红了，将衣服摔在地上，吐一口唾沫，说："这毛虫！"

名师批注

[1]被"名人"打了，便"托庇有了名"，这种荒唐可笑的逻辑反映了未庄人盲目守旧、趋炎附势的心态。

名师批注

[2]"太牢"指古代祭礼，原指牛、羊、猪三牲，后单称牛为太牢。这里将祭品与阿Q构成类比，更加衬托出他的可悲处境。

名师批注

[3]无法与人比美，便与人比丑，仿佛因此赢了也是一种胜利的表现。这里阿Q的"失望""不平"都是他精神麻木愚昧的表现。而之后的一句动作描写传神而幽默，把阿Q空虚无聊的精神状态精准地展现在读者面前，让人在忍俊不禁之后又忍不住感到浓浓的悲哀。

"癞皮狗，你骂谁？"王胡轻蔑的抬起眼来说。

阿Q近来虽然比较的受人尊敬，自己也更高傲些，但和那些打惯的闲人们见面还胆怯，独有这回却非常武勇了。这样满脸胡子的东西，也敢出言无状么？

"谁认便骂谁！"他站起来，两手叉在腰间说。

"你的骨头痒了么？"王胡也站起来，披上衣服说。

阿Q以为他要逃了，抢进去就是一拳。这拳头还未达到身上，已经被他抓住了，只一拉，阿Q跄跄踉踉的跌进去，立刻又被王胡扭住了辫子，要拉到墙上照例去碰头。1

"'君子动口不动手'！"阿Q歪着头说。

王胡似乎不是君子，并不理会，一连给他碰了五下，又用力的一推，至于阿Q跌出六尺多远，这才满足的去了。

在阿Q的记忆上，这大约要算是生平第一件的屈辱，因为王胡以络腮胡子的缺点，向来只被他奚落，从没有奚落他，更不必说动手了。而他现在竟动手，很意外，难道真如市上所说，皇帝已经停了考①，不要秀才和举人了，因此赵家减了威风，因此他们也便小觑了他么？

阿Q无可适从的站着。2

远远的走来了一个人，他的对头又到了。这也是阿Q最厌恶的一个人，就是钱太爷的大儿子。他先前跑上城里去进洋学堂，不知怎么又跑到东洋去了，半年之后他回到家里来，腿也直了，辫子也不见了，他的母亲大哭了十几场，他的老婆跳了三回井。后来，他的母亲到处说，"这辫子是被坏人灌醉了酒剪去的。本来可以做大官，现在只好等留长再说了。"然而阿Q不肯信，偏称他"假洋鬼子"，也叫作"里通外国的人"，一见他，一定在肚子里暗暗的咒骂。

阿Q尤其"深恶而痛绝之"的，是他的一条假辫子。辫子而至于假，就是没有了做人的资格；他的老婆不跳第四回井，也不是好女人。3

这"假洋鬼子"近来了。

名师批注

1 寥寥数语便把阿Q和王胡打架的画面勾画了出来，动感十足，让人读之有如亲见。而"照例"一词则表现了阿Q被人拉到墙上碰头并非偶然，而是经常如此，再次深化了阿Q的可悲处境。

名师批注

2 "无可适从"一词活灵活现地表现了阿Q被打之后垂头丧气、迷茫不解的情态。

名师批注

3 阿Q对于象征封建奴役的辫子所持有的极尽维护的态度，反映了他的迂腐、麻木和守旧。

①皇帝已经停了考：指光绪三十一年（1905），清政府下令自丙午科起，废止科举考试。

"秃儿。驴……"阿Q历来本只在肚子里骂，没有出过声，这回因为正气忿，因为要报仇，便不由的轻轻的说出来了。不料这秃儿却拿着一支黄漆的棍子——就是阿Q所谓哭丧棒——大踏步走了过来。阿Q在这刹那，便知道大约要打了，赶紧抽紧筋骨，耸了肩膀等候着，果然，拍的一声，似乎确凿打在自己头上了。1

"我说他！"阿Q指着近旁的一个孩子，分辩说。

拍！拍拍！

在阿Q的记忆上，这大约要算是生平第二件的屈辱。幸而拍拍的响了之后，于他倒似乎完结了一件事，反而觉得轻松些，而且"忘却"这一件祖传的宝贝也发生了效力，他慢慢的走，将到酒店门口，早已有些高兴了。但对面走来了静修庵里的小尼姑。阿Q便在平时，看见伊也一定要唾骂，而况在屈辱之后呢？他于是发生了回忆，又发生了敌忾了。

"我不知道我今天为什么这样晦气，原来就因为见了你！"他想。

他迎上去，大声的吐一口唾沫："咳，呸！"

小尼姑全不睬，低了头只是走。阿Q走近伊身旁，突然伸出手去摩着伊新剃的头皮，呆笑着，说：

"秃儿！快回去，和尚等着你……"2

"你怎么动手动脚……"尼姑满脸通红的说，一面赶快走。

酒店里的人大笑了。阿Q看见自己的勋业得了赏识，便愈加兴高采烈起来：

"和尚动得，我动不得？"他扭住伊的面颊。

酒店里的人大笑了。阿Q更得意，而且为满足那些赏鉴家起见，再用力的一拧，才放手。

他这一战，早忘却了王胡，也忘却了假洋鬼子，似乎对于今天的一切"晦气"都报了仇；而且奇怪，又仿佛全身比拍拍的响了之后更轻松，飘飘然的似乎要飞去了。

"这断子绝孙的阿Q！"远远地听得小尼姑的带哭的声音。

"哈哈哈！"阿Q十分得意的笑。

"哈哈哈！"酒店里的人也九分得意的笑。3

名师批注

1知道要被打，不但不反抗，反而主动接受惩罚，这段动作描写十分传神，尤其是"等候"二字更是将阿Q的奴性表现得淋漓尽致。同时这种受虐狂式的奴性人格，也引起了读者的深刻思考。

名师批注

2带有侮辱性质的语言及动作将阿Q畏强凌弱的下流相表现得入木三分。

名师批注

3"九分"是作者生造的词，意在幽默地讽刺酒店的看客们肮脏而龌龊的心灵，他们因没有如阿Q一般亲自调戏小尼姑，便自觉少了一分得意。这里也形象地写出了看客们的冷漠麻木。

第四章　恋爱的悲剧

有人说：有些胜利者，愿意敌手如虎，如鹰，他才感得胜利的欢喜；假使如羊，如小鸡，他便反觉得胜利的无聊。又有些胜利者，当克服一切之后，看见死的死了，降的降了，“臣诚惶诚恐死罪死罪”，他于是没有了敌人，没有了对手，没有了朋友，只有自己在上，一个，孤另另，凄凉，寂寞，便反而感到了胜利的悲哀。然而我们的阿Q却没有这样乏，他是永远得意的：这或者也是中国精神文明冠于全球的一个证据了。1

看哪，他飘飘然的似乎要飞去了！

然而这一次的胜利，却又使他有些异样。他飘飘然的飞了大半天，飘进土谷祠，照例应该躺下便打鼾。谁知道这一晚，他很不容易合眼，他觉得自己的大拇指和第二指有点古怪：仿佛比平常滑腻些。不知道是小尼姑的脸上有一点滑腻的东西粘在他指上，还是他的指头在小尼姑脸上磨得滑腻了？……

“断子绝孙的阿Q！”

阿Q的耳朵里又听到这句话。他想：不错，应该有一个女人，断子绝孙便没有人供一碗饭，……应该有一个女人。夫“不孝有三无后为大”，而“若敖之鬼馁而”，也是一件人生的大哀，所以他那思想，其实是样样合于圣经贤传的，只可惜后来有些“不能收其放心”了。2

“女人，女人！……”他想。“……和尚动得……女人，女人！……女人！”他又想。

我们不能知道这晚上阿Q在什么时候才打鼾。但大约他从此总觉得指头有些滑腻，所以他从此总有些飘飘然；“女……”他想。

即此一端，我们便可以知道女人是害人的东西。

中国的男人，本来大半都可以做圣贤，可惜全被女人毁掉了。3商是妲己闹亡的；周是褒姒弄坏的；秦……虽然史无明文，我们也假定他因为女人，大约未必十分错；而董卓可是的确给貂蝉害死了。

阿Q本来也是正人，我们虽然不知道他曾蒙什么明师指授过，但他对于“男女之大防”却历来非常严；也很有排斥异端——如小

名师批注

1作者以调侃的语气尖锐地指出了封建文化对阿Q的毒害，同时又把阿Q的精神状态与当时的一些国粹家联系在一起，讽刺了他们以及中国封建传统文化的糟粕。

名师批注

2阿Q想找个女人的理由竟是“不孝有三无后为大”，这段心理描写深刻地揭示了阿Q全身都浸满了封建思想的毒素，封建思想道德已在他的心里根深蒂固了。

名师批注

3正话反说，既批判了男尊女卑的封建教条，又是对无耻的假道学先生们的辛辣讽刺。

尼姑及假洋鬼子之类——的正气。他的学说是：凡尼姑，一定与和尚私通；一个女人在外面走，一定想引诱野男人；一男一女在那里讲话，一定要有勾当了。为惩治他们起见，所以他往往怒目而视，或者大声说几句“诛心”话，或者在冷僻处，便从后面掷一块小石头。1

谁知道他将到“而立”之年，竟被小尼姑害得飘飘然了。这飘飘然的精神，在礼教上是不应该有的，——所以女人真可恶，假使小尼姑的脸上不滑腻，阿Q便不至于被蛊，又假使小尼姑的脸上盖一层布，阿Q便也不至于被蛊了，——他五六年前，曾在戏台下的人丛中拧过一个女人的大腿，但因为隔一层裤，所以此后并不飘飘然，——而小尼姑并不然，这也足见异端之可恶。

“女……”阿Q想。

他对于以为“一定想引诱野男人”的女人，时常留心看，然而伊并不对他笑。他对于和他讲话的女人，也时常留心听，然而伊又并不提起关于什么勾当的话来。哦，这也是女人可恶之一节：伊们全都要装“假正经”的。2

这一天，阿Q在赵太爷家里舂了一天米，吃过晚饭，便坐在厨房里吸旱烟。倘在别家，吃过晚饭本可以回去的了，但赵府上晚饭早，虽说定例不准掌灯，一吃完便睡觉，然而偶然也有一些例外：其一，是赵大爷未进秀才的时候，准其点灯读文章；其二，便是阿Q来做短工的时候，准其点灯舂米。因为这一条例外，所以阿Q在动手舂米之前，还坐在厨房里吸旱烟。3

吴妈，是赵太爷家里唯一的女仆，洗完了碗碟，也就在长凳上坐下了，而且和阿Q谈闲天：

“太太两天没有吃饭哩，因为老爷要买一个小的……”

“女人……吴妈……这小孤孀……”阿Q想。

“我们的少奶奶是八月里要生孩子了……”

“女人……”阿Q想。

阿Q放下烟管，站了起来。

“我们的少奶奶……”吴妈还唠叨说。

“我和你困觉，我和你困觉！”阿Q忽然抢上去，对伊跪下了。

名师批注

1阿Q荒谬可笑的“学说”反映了他守旧、颓废的精神世界，他以封建礼教为行动标准，可他却又说“诛心”话、掷小石头，后文甚至拧女人大腿，这些矛盾的行为体现了他思想的虚伪可憎。

名师批注

2阿Q的女性观反映了他受封建思想毒害之深，同时他肮脏的思想也讽刺了假道学先生们表面道貌岸然，实则“假正经”的本质。

名师批注

3这样的“例外”着实可笑，尤其是作者极其郑重地把阿Q的舂米和赵大爷未进秀才时放在一起叙述，更将赵太爷的奸猾、刻薄、吝啬刻画得讽刺意味十足。

一刹时中很寂然。

“阿呀！”吴妈楞了一息，突然发抖，大叫着往外跑，且跑且嚷，似乎后来带哭了。

阿Q对了墙壁跪着也发楞，于是两手扶着空板凳，慢慢的站起来，仿佛觉得有些糟。他这时确也有些忐忑了，慌张的将烟管插在裤带上，就想去舂米。蓬的一声，头上着了很粗的一下，他急忙回转身去，那秀才便拿了一支大竹杠站在他面前。1

“你反了，……你这……”大竹杠又向他劈下来了。阿Q两手去抱头，拍的正打在指节上，这可很有一些痛。他冲出厨房门，仿佛背上又着了一下似的。

“忘八蛋！”秀才在后面用了官话这样骂。

阿Q奔入舂米场，一个人站着，还觉得指头痛，还记得“忘八蛋”，因为这话是未庄的乡下人从来不用，专是见过官府的阔人用的，所以格外怕，而印象也格外深。2但这时，他那“女……”的思想却也没有了。而且打骂之后，似乎一件事也已经收束，倒反觉得一无挂碍似的，便动手去舂米。舂了一会，他热起来了，又歇了手脱衣服。脱下衣服的时候，他听得外面很热闹，阿Q生平本来最爱看热闹，便即寻声走出去了。寻声渐渐的寻到赵太爷的内院里，虽然在昏黄中，却辨得出许多人，赵府一家连两日不吃饭的太太也在内，还有间壁的邹七嫂，真正本家的赵白眼，赵司晨。

少奶奶正拖着吴妈走出下房来，一面说：

“你到外面来，……不要躲在自己房里想……”

“谁不知道你正经，……短见是万万寻不得的。”邹七嫂也从旁说。

吴妈只是哭，夹些话，却不甚听得分明。

阿Q想：“哼，有趣，这小孤孀不知道闹着什么玩意儿了？”他想打听，走近赵司晨的身边。这时他猛然间看见赵太爷向他奔来，而且手里捏着一支大竹杠。他看见这一支大竹杠，便猛然间悟到自己曾经被打，和这一场热闹似乎有点相关。他翻身便走，想逃回舂米场，不图这支竹杠阻了他的去路，于是他又翻身便走，自然而然的走出后门，不多工夫，已在土谷祠内了。

名师批注

1 “蓬”描述的是听觉效果，“粗”描述的是触觉感受，阿Q挨打时首先听到的是竹杠打到头上的声音，进而感受到竹杠与头部的接触面积的大小，但他唯独感受不到挨打的痛觉，这从侧面反映了阿Q的感觉迟钝麻木之深，也说明他的精神胜利法不仅使他精神麻木，也让他的肉体彻底麻木了。

名师批注

2 因为是被“见过官府的阔人用的”词骂了便觉得“格外怕”“印象也格外深”，阿Q的社会地位之卑微让人同情。

阿Q坐了一会，皮肤有些起粟，他觉得冷了，因为虽在春季，而夜间颇有余寒，尚不宜于赤膊。他也记得布衫留在赵家，但倘若去取，又深怕秀才的竹杠。然而地保进来了。

“阿Q，你的妈妈的！你连赵家的用人都调戏起来，简直是造反。害得我晚上没有觉睡，你的妈妈的！……”1

如是云云的教训了一通，阿Q自然没有话。临末，因为在晚上，应该送地保加倍酒钱四百文，阿Q正没有现钱，便用一顶毡帽做抵押，并且订定了五条件：

一　明天用红烛——要一斤重的——一对，香一封，到赵府上去赔罪。

二　赵府上请道士祓除缢鬼，费用由阿Q负担。

三　阿Q从此不准踏进赵府的门槛。

四　吴妈此后倘有不测，惟阿Q是问。

五　阿Q不准再去索取工钱和布衫。2

阿Q自然都答应了，可惜没有钱。幸而已经春天，棉被可以无用，便质了二千大钱，履行条约。赤膊磕头之后，居然还剩几文，他也不再赎毡帽，统统喝了酒了。但赵家也并不烧香点烛，因为太太拜佛的时候可以用，留着了。那破布衫是大半做了少奶奶八月间生下来的孩子的衬尿布，那小半破烂的便都做了吴妈的鞋底。3

名师批注

1 地保的语言极具特色，反映了他仗势欺人、趁人之危的地主阶级走狗的本质。

名师批注

2 从内容上看，地保让阿Q订立的五个条件基本上与阿Q调戏吴妈这一事件没有太大关系，这只不过是借题发挥，趁机敲诈勒索阿Q，体现了地主阶级及其走狗们敲骨吸髓的凶残本质。

第五章　生计问题

阿Q礼毕之后，仍旧回到土谷祠，太阳下去了，渐渐觉得世上有些古怪。他仔细一想，终于省悟过来：其原因盖在自己的赤膊。他记得破夹袄还在，便披在身上，躺倒了，待张开眼睛，原来太阳又已经照在西墙上头了。他坐起身，一面说道，“妈妈的……”

他起来之后，也仍旧在街上逛，虽然不比赤膊之有切肤之痛，却又渐渐的觉得世上有些古怪了。仿佛从这一天起，未庄的女人们忽然都怕了羞，伊们一见阿Q走来，便个个躲进门里去。甚而至于将近五十岁的邹七嫂，也跟着别人乱钻，而且将十一岁的女儿

名师批注

3 这两句有关“五条件”的后续交代与前文的条件内容相照应，表现了有权势者对底层民众的剥削与压迫。

都叫进去了。阿Q很以为奇，而且想："这些东西忽然都学起小姐模样来了。这娼妇们……"

但他更觉得世上有些古怪，却是许多日以后的事。其一，酒店不肯赊欠了；其二，管土谷祠的老头子说些废话，似乎叫他走；其三，他虽然记不清多少日，但确乎有许多日，没有一个人来叫他做短工。1酒店不赊，熬着也罢了；老头子催他走，噜苏一通也就算了；只是没有人来叫他做短工，却使阿Q肚子饿：这委实是一件非常"妈妈的"的事情。

阿Q忍不下去了，他只好到老主顾的家里去探问，——但独不许踏进赵府的门槛，——然而情形也异样：一定走出一个男人来，现了十分烦厌的相貌，像回复乞丐一般的摇手道："没有没有！你出去！"阿Q愈觉得稀奇了。他想，这些人家向来少不了要帮忙，不至于现在忽然都无事，这总该有些蹊跷在里面了。他留心打听，才知道他们有事都去叫小Don。这小D，是一个穷小子，又瘦又乏，在阿Q的眼睛里，位置是在王胡之下的，谁料这小子竟谋了他的饭碗去。2所以阿Q这一气，更与平常不同，当气愤愤的走着的时候，忽然将手一扬，唱道："我手执钢鞭将你打！……"

几天之后，他竟在钱府的照壁前遇见了小D。"仇人相见分外眼明"，阿Q便迎上去，小D也站住了。

"畜生！"阿Q怒目而视的说，嘴角上飞出唾沫来。

"我是虫豸，好么？……"小D说。

这谦逊反使阿Q更加愤怒起来，但他手里没有钢鞭，于是只得扑上去，伸手去拔小D的辫子。小D一手护住了自己的辫根，一手也来拔阿Q的辫子，阿Q便也将空着的一只手护住了自己的辫根。从先前的阿Q看来，小D本来是不足齿数的，但他近来挨了饿，又瘦又乏已经不下于小D，所以便成了势均力敌的现象，四只手拔着两颗头，都弯了腰，在钱家粉墙上映出一个蓝色的虹形，至于半点钟之久了。

"好了，好了！"看的人们说，大约是解劝的。

"好，好！"看的人们说，不知道是解劝，是颂扬，还是煽动。3然而他们都不听。阿Q进三步，小D便退三步，都站着；小D

名师批注

1这里将村民们的改变分条罗列出来，表现了他们趋炎附势、冷酷麻木的特点。

名师批注

2明明是被以赵太爷为代表的地主阶级剥夺了劳动甚至是生活的权利，但阿Q自以为是小D在与自己作对，谋了自己的"饭碗"，可见阿Q的觉悟之低下、思想之狭隘。

名师批注

3作者在描写"看的人们"的劝解时，先是用了"大约"一词，表明了对看客们态度的不确定，进而直接指出他们的劝解甚至可能是"颂扬"和"煽动"。通过词语的层层递进，作者将看客们看到别人打架却煽风点火以求得到观赏的愉快的麻木不仁表现得入木三分。

进三步，阿Q便退三步，又都站着。大约半点钟，——未庄少有自鸣钟，所以很难说，或者二十分，——他们的头发里便都冒烟，额上便都流汗，阿Q的手放松了，在同一瞬间，小D的手也正放松了，同时直起，同时退开，都挤出人丛去。

“记着罢，妈妈的……”阿Q回过头去说。

“妈妈的，记着罢……”小D也回过头来说。

这一场“龙虎斗”似乎并无胜败，也不知道看的人可满足，都没有发什么议论，而阿Q却仍然没有人来叫他做短工。

有一日很温和，微风拂拂的颇有些夏意了，阿Q却觉得寒冷起来，但这还可担当，第一倒是肚子饿。棉被，毡帽，布衫，早已没有了，其次就卖了棉袄；现在有裤子，却万不可脱的；有破夹袄，又除了送人做鞋底之外，决定卖不出钱。他早想在路上拾得一注钱，但至今还没有见；他想在自己的破屋里忽然寻到一注钱，慌张的四顾，但屋内是空虚而且了然。于是他决计出门求食去了。1

他在路上走着要“求食”，看见熟识的酒店，看见熟识的馒头，但他都走过了，不但没有暂停，而且并不想要。2他所求的不是这类东西了；他求的是什么东西，他自己不知道。未庄本不是大村镇，不多时便走尽了。村外多是水田，满眼是新秧的嫩绿，夹着几个圆形的活动的黑点，便是耕田的农夫。阿Q并不赏鉴这田家乐，却只是走，因为他直觉的知道这与他的“求食”之道是很辽远的。但他终于走到静修庵的墙外了。

庵周围也是水田，粉墙突出在新绿里，后面的低土墙里是菜园。阿Q迟疑了一会，四面一看，并没有人。他便爬上这矮墙去，扯着何首乌藤，但泥土仍然簌簌的掉，阿Q的脚也索索的抖；终于攀着桑树枝，跳到里面了。里面真是郁郁葱葱，但似乎并没有黄酒馒头，以及此外可吃的之类。靠西墙是竹丛，下面许多笋，只可惜都是并未煮熟的，还有油菜早经结子，芥菜已将开花，小白菜也很老了。3阿Q仿佛文童落第似的觉得很冤屈，他慢慢走近园门去，忽而非常惊喜了，这分明是一畦老萝卜。他于是蹲下便拔，而门口突然伸出一个很圆的头来，又即缩回去了，这分明是小尼姑。小

名师批注

1此处表面上是在描写屋里的环境，实则反映了阿Q的境况，表明他穷途末路的现状。

名师批注

2“求食”本是用于动物觅食的词语，这里却用在了阿Q身上，体现了他的境遇悲惨以及赵太爷之流的残忍卑劣。

名师批注

3此处将阿Q翻过墙后触目所及的景象进行了详细的描述，突出了阿Q此时失望至极的心情，也为下文他看到萝卜时的惊喜做了铺垫。

尼姑之流是阿Q本来视若草芥的，但世事须“退一步想”，所以他便赶紧拔起四个萝卜，拧下青叶，兜在大襟里。然而老尼姑已经出来了。

“阿弥陀佛，阿Q，你怎么跳进园里来偷萝卜！……阿呀，罪过呵，阿唷，阿弥陀佛！……”

“我什么时候跳进你的园里来偷萝卜？”阿Q且看且走的说。

“现在……这不是？”老尼姑指着他的衣兜。

“这是你的？你能叫得他答应你么？你……”1

阿Q没有说完话，拔步便跑；追来的是一匹很肥大的黑狗。这本来在前门的，不知怎的到后园来了。黑狗哼而且追，已经要咬着阿Q的腿，幸而从衣兜里落下一个萝卜来，那狗给一吓，略略一停，阿Q已经爬上桑树，跨到土墙，连人和萝卜都滚出墙外面了。只剩着黑狗还在对着桑树嗥，老尼姑念着佛。2

阿Q怕尼姑又放出黑狗来，拾起萝卜便走，沿路又检了几块小石头，但黑狗却并不再出现。阿Q于是抛了石块，一面走一面吃，而且想道，这里也没有什么东西寻，不如进城去……待三个萝卜吃完时，他已经打定了进城的主意了。

第六章　从中兴到末路

在未庄再看见阿Q出现的时候，是刚过了这年的中秋。人们都惊异，说是阿Q回来了，于是又回上去想道，他先前那里去了呢？阿Q前几回的上城，大抵早就兴高采烈的对人说，但这一次却并不，所以也没有一个人留心到。他或者也曾告诉过管土谷祠的老头子，然而未庄老例，只有赵太爷钱太爷和秀才大爷上城才算一件事。假洋鬼子尚且不足数，何况是阿Q：因此老头子也就不替他宣传，而未庄的社会上也就无从知道了。

但阿Q这回的回来，却与先前大不同，确乎很值得惊异。天色将黑，他睡眼蒙胧的在酒店门前出现了，他走近柜台，从腰间伸出手来，满把是银的和铜的，在柜上一扔说，“现钱！打酒来！”穿的是新夹袄，看去腰间还挂着一个大搭连，沉钿钿的将裤带坠成了很弯很弯的弧线。3未庄老例，看见略有些醒目的人物，是与其慢

名师批注

1人赃并获还能强词夺理，这里向读者表现了阿Q圆滑无赖的一面。

名师批注

2作者对“肥大”的黑狗与贫弱的阿Q之间的追逐战描述得十分详细，然而在这出画面感十足的幽默短剧的背后，却独具深意，让人不禁开始思考：这个连牲畜都可以随意欺凌的悲剧人物，他的命运究竟会走向何处呢？

名师批注

3此处对阿Q再次出现时的穿着、动作、语言进行了细致的刻画，突出了他的“与先前大不同”。尤其在动作描写方面，一个“扔”字更是描摹出了他得意、傲慢、目中无人的情态。

也宁敬的，现在虽然明知道是阿Q，但因为和破夹袄的阿Q有些两样了，古人云，“士别三日便当刮目相待”，所以堂倌，掌柜，酒客，路人，便自然显出一种疑而且敬的形态来。掌柜既先之以点头，又继之以谈话：“嚄，阿Q，你回来了！”

“回来了。”

“发财发财，你是——在……”

“上城去了！”

这一件新闻，第二天便传遍了全未庄。人人都愿意知道现钱和新夹袄的阿Q的中兴史，1所以在酒店里，茶馆里，庙檐下，便渐渐的探听出来了。这结果，是阿Q得了新敬畏。

据阿Q说，他是在举人老爷家里帮忙。这一节，听的人都肃然了。2这老爷本姓白，但因为合城里只有他一个举人，所以不必再冠姓，说起举人来就是他。这也不独在未庄是如此，便是一百里方圆之内也都如此，人们几乎多以为他的姓名就叫举人老爷的了。在这人的府上帮忙，那当然是可敬的。但据阿Q又说，他却不高兴再帮忙了，因为这举人老爷实在太“妈妈的”了。这一节，听的人都叹息而且快意，因为阿Q本不配在举人老爷家里帮忙，而不帮忙是可惜的。

据阿Q说，他的回来，似乎也由于不满意城里人，这就在他们将长凳称为条凳，而且煎鱼用葱丝，加以最近观察所得的缺点，是女人的走路也扭得不很好。然而也偶有大可佩服的地方，即如未庄的乡下人不过打三十二张的竹牌，只有假洋鬼子能够叉“麻酱”，城里却连小乌龟子都叉得精熟的。什么假洋鬼子，只要放在城里的十几岁的小乌龟子的手里，也就立刻是“小鬼见阎王”。这一节，听的人都赧然了。3

“你们可看见过杀头么？”阿Q说，“咳，好看。杀革命党。唉，好看好看，……”他摇摇头，将唾沫飞在正对面的赵司晨的脸上。这一节，听的人都凛然了。但阿Q又四面一看，忽然扬起右手，照着伸长脖子听得出神的王胡的后项窝上直劈下去道：

“嚓！”

王胡惊得一跳，同时电光石火似的赶快缩了头，而听的人又

名师批注

1 “中兴史”通常是指一个国家由衰转盛的历史过程。这里用在阿Q身上是明显的大词小用，既增强了文章的幽默性，也影射了阿Q“中兴史”背后的辛酸。

名师批注

2 只因在举人老爷家帮过忙，便可让未庄人对素来鄙夷的阿Q肃然起敬，这里作者幽默地讽刺了未庄人的趋炎附势、荒唐可笑。

名师批注

3 会叉麻将未必是什么好事，但未庄人一听说城里连十几岁的“小乌龟子”都叉得“精熟”便“赧然”了，这里体现了未庄人的盲目自卑，也反映了他们的比丑心理。

都悚然而且欣然了。[1]从此王胡瘟头瘟脑的许多日，并且再不敢走近阿Q的身边；别的人也一样。

阿Q这时在未庄人眼睛里的地位，虽不敢说超过赵太爷，但谓之差不多，大约也就没有什么语病的了。

然而不多久，这阿Q的大名忽又传遍了未庄的闺中。虽然未庄只有钱赵两姓是大屋，此外十之九都是浅闺，但闺中究竟是闺中，所以也算得一件神异。女人们见面时一定说，邹七嫂在阿Q那里买了一条蓝绸裙，旧固然是旧的，但只化了九角钱。还有赵白眼的母亲，——一说是赵司晨的母亲，待考，——也买了一件孩子穿的大红洋纱衫，七成新，只用三百大钱九二串。于是伊们都眼巴巴的想见阿Q，缺绸裙的想问他买绸裙，要洋纱衫的想问他买洋纱衫，不但见了不逃避，有时阿Q已经走过了，也还要追上去叫住他，问道：

“阿Q，你还有绸裙么？没有？纱衫也要的，有罢？”

后来这终于从浅闺传进深闺里去了。因为邹七嫂得意之余，将伊的绸裙请赵太太去鉴赏，赵太太又告诉了赵太爷而且着实恭维了一番。赵太爷便在晚饭桌上，和秀才大爷讨论，以为阿Q实在有些古怪，我们门窗应该小心些；但他的东西，不知道可还有什么可买，也许有点好东西罢。[2]加以赵太太也正想买一件价廉物美的皮背心。于是家族决议，便托邹七嫂即刻去寻阿Q，而且为此新辟了第三种的例外：这晚上也姑且特准点油灯。[3]

油灯干了不少了，阿Q还不到。赵府的全眷都很焦急，打着呵欠，或恨阿Q太飘忽，或怨邹七嫂不上紧。赵太太还怕他因为春天的条件不敢来，而赵太爷以为不足虑：因为这是“我”去叫他的。果然，到底赵太爷有见识，阿Q终于跟着邹七嫂进来了。

“他只说没有没有，我说你自己当面说去，他还要说，我说……”邹七嫂气喘吁吁的走着说。

“太爷！”阿Q似笑非笑的叫了一声，在檐下站住了。

“阿Q，听说你在外面发财，”赵太爷踱开去，眼睛打量着他的全身，一面说。“那很好，那很好的。这个，……听说你有些旧东西，……可以都拿来看一看，……这也并不是别的，因为我倒

名师批注

[1]“悚然而且欣然”刻画出了听众们麻木不仁的观望心态，表明了作者强烈的批判态度。

名师批注

[2]一方面对阿Q有所怀疑，打算积极防范；另一方面却想占便宜，忍不住想把阿Q叫到家里来。这里作者通过描写赵太爷的矛盾心理，使他的精明狡诈展露无遗。

名师批注

[3]“第三种的例外”与前文的两种“例外”遥相呼应，加深了文章的讽刺效果。

要……”

“我对邹七嫂说过了。都完了。”

“完了？”赵太爷不觉失声的说，“那里会完得这样快呢？”1

“那是朋友的，本来不多。他们买了些，……”

“总该还有一点罢。”

“现在，只剩了一张门幕了。”

“就拿门幕来看看罢。”赵太太慌忙说。

“那么，明天拿来就是，”赵太爷却不甚热心了。“阿Q，你以后有什么东西的时候，你尽先送来给我们看，……”

“价钱决不会比别家出得少！”秀才说。秀才娘子忙一瞥阿Q的脸，看他感动了没有。

“我要一件皮背心。”赵太太说。

阿Q虽然答应着，却懒洋洋的出去了，也不知道他是否放在心上。这使赵太爷很失望，气愤而且担心，至于停止了打呵欠。秀才对于阿Q的态度也很不平，于是说，这忘八蛋要提防，或者竟不如吩咐地保，不许他住在未庄。但赵太爷以为不然，说这也怕要结怨，况且做这路生意的大概是“老鹰不吃窝下食”，本村倒不必担心的；只要自己夜里警醒点就是了。秀才听了这“庭训”，非常之以为然，便即刻撤消了驱逐阿Q的提议，而且叮嘱邹七嫂，请伊万不要向人提起这一段话。2

但第二日，邹七嫂便将那蓝裙去染了皂，又将阿Q可疑之点传扬出去了，可是确没有提起秀才要驱逐他这一节。然而这已经于阿Q很不利。最先，地保寻上门了，取了他的门幕去，阿Q说是赵太太要看的，而地保也不还，并且要议定每月的孝敬钱。其次，是村人对于他的敬畏忽而变相了，虽然还不敢来放肆，却很有远避的神情，而这神情和先前的防他来“嚓”的时候又不同，颇混着“敬而远之”的分子了。只有一班闲人们却还要寻根究底的去探阿Q的底细。阿Q也并不讳饰，傲然的说出他的经验来。从此他们才知道，他不过是一个小脚色，不但不能上墙，并且不能进洞，只站在洞外接东西。有一夜，他刚才接到一个包，正手再进去，不一会，只听

名师批注

1 赵太爷一开始“踱”和“打量”的动作，以及他含蓄而隐晦的语言都体现了他想占小便宜却要摆足“老爷”架子的心态，而后来在听到阿Q说“完了”之后的“不觉失声”则使他的虚伪可笑昭然若揭。

名师批注

2 “庭训”出自《论语·季氏》，后常称父亲的教训为“庭训”或“过庭之训”。这里的“庭训”“撤消”“驱逐”“提议”都是大词小用，既反映了人物的滑稽可笑，又极具讽刺色彩。

得里面大嚷起来，他便赶紧跑，连夜爬出城，逃回未庄来了，从此不敢再去做。[1]然而这故事却于阿Q更不利，村人对于阿Q的“敬而远之”者，本因为怕结怨，谁料他不过是一个不敢再偷的偷儿呢？这实在是“斯亦不足畏也矣”。

名师批注

[1]这段补充叙述点明了阿Q发财的途径，也是对前文所设悬念做出的解释。

第七章 革命

宣统三年九月十四日——即阿Q将搭连卖给赵白眼的这一天——三更四点，[2]有一只大乌篷船到了赵府上的河埠头。这船从黑魆魆中荡来，乡下人睡得熟，都没有知道；出去时将近黎明，却很有几个看见的了。据探头探脑的调查来的结果，知道那竟是举人老爷的船！

名师批注

[2]宣统三年九月十四日即绍兴府宣布光复的日子，也是辛亥革命武昌起义后的第二十五天。作者将绍兴光复这么严肃的事件与阿Q卖搭连联系在一起，说明辛亥革命与人们的生活十分遥远，也体现了作者对辛亥革命的怀疑态度。

那船便将大不安载给了未庄，不到正午，全村的人心就很摇动。船的使命，赵家本来是很秘密的，但茶坊酒肆里却都说，革命党要进城，举人老爷到我们乡下来逃难了。惟有邹七嫂不以为然，说那不过是几口破衣箱，举人老爷想来寄存的，却已被赵太爷回复转去。其实举人老爷和赵秀才素不相能，在理本不能有“共患难”的情谊，况且邹七嫂又和赵家是邻居，见闻较为切近，所以大概该是伊对的。

然而谣言很旺盛，说举人老爷虽然似乎没有亲到，却有一封长信，和赵家排了“转折亲”。赵太爷肚里一轮，觉得于他总不会有坏处，便将箱子留下了，现就塞在太太的床底下。至于革命党，有的说是便在这一夜进了城，个个白盔白甲：穿着崇正皇帝的素①。

阿Q的耳朵里，本来早听到过革命党这一句话，今年又亲眼见过杀掉革命党。但他有一种不知从那里来的意见，以为革命党便是造反，造反便是与他为难，所以一向是“深恶而痛绝之”的。殊不料这却使百里闻名的举人老爷有这样怕，于是他未免也有些“神往”了，况且未庄的一群鸟男女的慌张的神情，也使阿Q更快意。[3]

名师批注

[3]阿Q深受封建礼教的影响，对变革现实的一切事情都自然而然地持反对态度，所以他一开始是对革命“深恶痛绝”的；可是他身上又有着盲目趋时的特点，加上他对现状的不满，尤其看到了举人老爷对革命党的恐惧，所以他又开始向往革命了。这表明他革命态度的不稳定性，以及对革命的不理解甚至误解。

①穿着崇正皇帝的素：崇正是作品中人物对崇祯的讹称。崇祯是明思宗（朱由检）的年号。明亡于清，有些农民起义者常用“反清复明”的口号来反对清朝统治，因此有人认为革命军起义是替崇祯皇帝报仇。

“革命也好罢，”阿Q想，“革这伙妈妈的的命，太可恶！太可恨！……便是我，也要投降革命党了。”

阿Q近来用度窘，大约略略有些不平；加以午间喝了两碗空肚酒，愈加醉得快，一面想一面走，便又飘飘然起来。不知怎么一来，忽而似乎革命党便是自己，未庄人却都是他的俘虏了。他得意之余，禁不住大声的嚷道：

“造反了！造反了！”

未庄人都用了惊惧的眼光对他看。这一种可怜的眼光，是阿Q从来没有见过的，一见之下，又使他舒服得如六月里喝了雪水。他更加高兴的走而且喊道：

“好，……我要什么就是什么，我欢喜谁就是谁。[1]得得，锵锵！悔不该，酒醉错斩了郑贤弟，悔不该，呀呀呀……得得，锵锵，得，锵令锵！我手执钢鞭将你打……”

赵府上的两位男人和两个真本家，也正站在大门口论革命。[2]阿Q没有见，昂了头直唱过去。

“得得，……”

“老Q，”赵太爷怯怯的迎着低声的叫。[3]

“锵锵，”阿Q料不到他的名字会和“老”字联结起来，以为是一句别的话，与己无干，只是唱。

“得，锵，锵令锵，锵！”

“老Q。”

“悔不该……”

“阿Q！”秀才只得直呼其名了。

阿Q这才站住，歪着头问道，“什么？”

“老Q，……现在……”赵太爷却又没有话，“现在……发财么？”

“发财？自然。要什么就是什么……”

“阿……Q哥，像我们这样穷朋友是不要紧的……”赵白眼惴惴的说，似乎想探革命党的口风。

“穷朋友？你总比我有钱。”阿Q说着自去了。

大家都怃然，没有话。赵太爷父子回家，晚上商量到点灯。赵白眼回家，便从腰间扯下搭连来，交给他女人藏在箱底里。

名师批注

[1]阿Q的这个愿望是他对革命的误读，反映出落后农民的一种典型心理。虽然只是简单的一句话，作者却暗示出辛亥革命失败的一大重要原因，可谓意义深远。

名师批注

[2]“两个真本家”与阿Q这个“假本家”相对应，影射了前文阿Q自称是赵太爷本家的事件。

名师批注

[3]由“阿Q”到“老Q”，这种称呼及态度的转变将赵太爷阴险狡诈、见风使舵的形象刻画得入木三分。

阿Q飘飘然的飞了一通，1回到土谷祠，酒已经醒透了。这晚上，管祠的老头子也意外的和气，请他喝茶；阿Q便向他要了两个饼，吃完之后，又要了一支点过的四两烛和一个树烛台，点起来，独自躺在自己的小屋里。他说不出的新鲜而且高兴，烛火像元夜似的闪闪的跳，他的思想也迸跳起来了：2

“造反？有趣，……来了一阵白盔白甲的革命党，都拿着板刀，钢鞭，炸弹，洋炮，三尖两刃刀，钩镰枪，走过土谷祠，叫道，‘阿Q！同去同去！’于是一同去。……

“这时未庄的一伙鸟男女才好笑哩，跪下叫道，‘阿Q，饶命！’谁听他！第一个该死的是小D和赵太爷，还有秀才，还有假洋鬼子，……留几条么？王胡本来还可留，但也不要了。……

“东西，……直走进去打开箱子来：元宝，洋钱，洋纱衫，……秀才娘子的一张宁式床先搬到土谷祠，此外便摆了钱家的桌椅，——或者也就用赵家的罢。自己是不动手的了，叫小D来搬，要搬得快，搬得不快打嘴巴。……

“赵司晨的妹子真丑。邹七嫂的女儿过几年再说。假洋鬼子的老婆会和没有辫子的男人睡觉，吓，不是好东西！秀才的老婆是眼胞上有疤的。……吴妈长久不见了，不知道在那里，——可惜脚太大。”3

阿Q没有想得十分停当，已经发了鼾声，四两烛还只点去了小半寸，红焰焰的光照着他张开的嘴。

“荷荷！”阿Q忽而大叫起来，抬了头仓皇的四顾，待到看见四两烛，却又倒头睡去了。

第二天他起得很迟，走出街上看时，样样都照旧。他也仍然肚饿，他想着，想不起什么来；但他忽而似乎有了主意了，慢慢的跨开步，有意无意的走到静修庵。

庵和春天时节一样静，白的墙壁和漆黑的门。他想了一想，前去打门，一只狗在里面叫。他急急拾了几块断砖，再上去较为用力的打，打到黑门上生出许多麻点的时候，才听得有人来开门。

阿Q连忙捏好砖头，摆开马步，准备和黑狗来开战。4但庵门只开了一条缝，并无黑狗从中冲出，望进去只有一个老尼姑。

名师批注

1一个“飞”字传神地写出了阿Q酒醉之后飘飘然的情态，极富画面感。

名师批注

2环境描写，以烛火的跳跃来引出阿Q的一系列联想，过渡十分自然。

名师批注

3这三段心理描写反映了阿Q对革命的理解，在他心中，革命的目的无外乎权力、金钱和女人，表现了他的狭隘与无知，同时也从侧面点出了辛亥革命失败的原因。

名师批注

4 通过“捏”“摆”等动词将阿Q严阵以待的滑稽动作表现了出来，让人读之忍俊不禁。

"你又来什么事？"伊大吃一惊的说。

"革命了……你知道？……"阿Q说得很含胡。

"革命革命，革过一革的，……你们要革得我们怎么样呢？"老尼姑两眼通红的说。1

"什么？……"阿Q诧异了。

"你不知道，他们已经来革过了！"

"谁？……"阿Q更其诧异了。

"那秀才和洋鬼子！"

阿Q很出意外，不由的一错愕；老尼姑见他失了锐气，便飞速的关了门，阿Q再推时，牢不可开，再打时，没有回答了。

那还是上午的事。赵秀才消息灵，一知道革命党已在夜间进城，便将辫子盘在顶上，一早去拜访那历来也不相能的钱洋鬼子。这是"咸与维新"的时候了，所以他们便谈得很投机，立刻成了情投意合的同志，也相约去革命。他们想而又想，才想出静修庵里有一块"皇帝万岁万万岁"的龙牌，是应该赶紧革掉的，于是又立刻同到庵里去革命。因为老尼姑来阻挡，说了三句话，他们便将伊当作满政府，在头上很给了不少的棍子和栗凿。尼姑待他们走后，定了神来检点，龙牌固然已经碎在地上了，而且又不见了观音娘娘座前的一个宣德炉。2

这事阿Q后来才知道。他颇悔自己睡着，但也深怪他们不来招呼他。他又退一步想道：

"难道他们还没有知道我已经投降了革命党么？"

第八章　不准革命

未庄的人心日见其安静了。据传来的消息，知道革命党虽然进了城，倒还没有什么大异样。知县大老爷还是原官，不过改称了什么，而且举人老爷也做了什么——这些名目，未庄人都说不明白——官，带兵的也还是先前的老把总。只有一件可怕的事是另有几个不好的革命党夹在里面捣乱，第二天便动手剪辫子，听说那邻村的航船七斤便着了道儿，弄得不像人样子了。但这却还不算大恐怖，因为未庄人本来少上城，即使偶有想进城的，也就立刻变

名师批注

1老尼姑所说的"革过一革的"是对革命本身的极大讽刺，表明了当时的人们时常将革命挂在嘴边，却根本不知何为革命，在他们看来，革命不过是秀才和假洋鬼子之流的打砸抢罢了。

名师批注

2"咸与维新"出自《尚书·胤征》。原意是对一切受恶习影响的人都给予弃旧从新的机会。这里指辛亥革命时革命派与反对势力妥协，地主官僚等借此投机的现象。这段插叙解释了老尼姑所说的"革过一革"，对赵秀才等人来说，革命无非就是找一些弱者来欺负一番，捞取政治资本，讽刺了他们投机革命的本质。

了计，碰不着这危险。阿Q本也想进城去寻他的老朋友，一得这消息，也只得作罢了。

但未庄也不能说是无改革。几天之后，将辫子盘在顶上的逐渐增加起来了，早经说过，最先自然是茂才公，其次便是赵司晨和赵白眼，后来是阿Q。倘在夏天，大家将辫子盘在头顶上或者打一个结，本不算什么稀奇事，但现在是暮秋，所以这“秋行夏令”的情形，在盘辫家不能不说是万分的英断，而在未庄也不能说无关于改革了。1

赵司晨脑后空荡荡的走来，看见的人大嚷说，2

“嚄，革命党来了！”

阿Q听到了很羡慕。他虽然早知道秀才盘辫的大新闻，但总没有想到自己可以照样做，现在看见赵司晨也如此，才有了学样的意思，定下实行的决心。他用一支竹筷将辫子盘在头顶上，迟疑多时，这才放胆的走去。他在街上走，人也看他，然而不说什么话，阿Q当初很不快，后来便很不平。他近来很容易闹脾气了；其实他的生活，倒也并不比造反之前反艰难，人见他也客气，店铺也不说要现钱。而阿Q总觉得自己太失意：既然革了命，不应该只是这样的。况且有一回看见小D，愈使他气破肚皮了。

小D也将辫子盘在头顶上了，而且也居然用一支竹筷。阿Q万料不到他也敢这样做，自己也决不准他这样做！小D是什么东西呢？他很想即刻揪住他，拗断他的竹筷，放下他的辫子，并且批他几个嘴巴，聊且惩罚他忘了生辰八字，也敢来做革命党的罪。但他终于饶放了，单是怒目而视的吐一口唾沫道“呸！”3

这几日里，进城去的只有一个假洋鬼子。赵秀才本也想靠着寄存箱子的渊源，亲身去拜访举人老爷的，但因为有剪辫的危险，所以也就中止了。他写了一封“黄伞格”的信，托假洋鬼子带上城，而且托他给自己绍介绍介，去进自由党。假洋鬼子回来时，向秀才讨还了四块洋钱，秀才便有一块银桃子挂在大襟上了；未庄人都惊服，说这是柿油党①的顶子，抵得一个翰林；赵太爷因此也骤

①柿油党：“自由党”的谐音。

名师批注

1这里是正话反说，用“万分的英断”讽刺了盘辫者的见风使舵，幽默感十足。

名师批注

2先前，人们脑后都有辫子，因此看起来很“满”，如今一剪辫子，自然就变得空荡荡的了。而且，对普通百姓而言，这种变化也意味着身份的改变，所以才有了后文人们的惊叹。

名师批注

3阿Q只能通过欺凌比自己弱小的小D来获取心理平衡，体现了他恃强凌弱的性格特征。

然大阔，远过于他儿子初隽秀才的时候，所以目空一切，见了阿Q，也就很有些不放在眼里了。

阿Q正在不平，又时时刻刻感着冷落，一听得这银桃子的传说，他立即悟出自己之所以冷落的原因了：要革命，单说投降，是不行的；盘上辫子，也不行的；第一着仍然要和革命党去结识。他生平所知道的革命党只有两个，城里的一个早已"嚓"的杀掉了，现在只剩了一个假洋鬼子。他除却赶紧去和假洋鬼子商量之外，再没有别的道路了。

钱府的大门正开着，阿Q便怯怯的躄进去。[1]他一到里面，很吃了惊，只见假洋鬼子正站在院子的中央，一身乌黑的大约是洋衣，身上也挂着一块银桃子，手里是阿Q曾经领教过的棍子，已经留到一尺多长的辫子都拆开了披在肩背上，蓬头散发的像一个刘海仙。对面挺直的站着赵白眼和三个闲人，正在必恭必敬的听说话。

阿Q轻轻的走近了，站在赵白眼的背后，心里想招呼，却不知道怎么说才好：叫他假洋鬼子固然是不行的了，洋人也不妥，革命党也不妥，或者就应该叫洋先生了罢。

洋先生却没有见他，因为白着眼睛讲得正起劲：

"我是性急的，所以我们见面，我总是说：洪哥！我们动手罢！他却总说道No！——这是洋话，你们不懂的。否则早已成功了。然而这正是他做事小心的地方。他再三再四的请我上湖北，我还没有肯。谁愿意在这小县城里做事情。……"[2]

"唔，……这个……"阿Q候他略停，终于用十二分的勇气开口了，但不知道因为什么，又并不叫他洋先生。

听着说话的四个人都吃惊的回顾他。洋先生也才看见：

"什么？"

"我……"

"出去！"

"我要投……"

"滚出去！"洋先生扬起哭丧棒来了。

赵白眼和闲人们便都吆喝道："先生叫你滚出去，你还不听么！"

名师批注

[1]一个"躄"字写出了阿Q躲闪、怯懦的神态，刻画了他猥琐的形象。

名师批注

[2]洪哥大概指黎元洪。他原任清朝新军第二十一混成协的协统，武昌起义时担任革命军的鄂军都督。他并未参与武昌起义的筹划。假洋鬼子的这段"演讲"，不提辛亥革命的真正功臣，却提到被革命军拉出来担任鄂军都督的黎元洪，充分显示了他善于投机的假革命嘴脸。

阿Q将手向头上一遮，不自觉的逃出门外；洋先生倒也没有追。他快跑了六十多步，这才慢慢的走，于是心里便涌起了忧愁：洋先生不准他革命，他再没有别的路；从此决不能望有白盔白甲的人来叫他，他所有的抱负，志向，希望，前程，全被一笔勾销了。1至于闲人们传扬开去，给小D王胡等辈笑话，倒是还在其次的事。

他似乎从来没有经验过这样的无聊。他对于自己的盘辫子，仿佛也觉得无意味，要侮蔑；为报仇起见，很想立刻放下辫子来，但也没有竟放。他游到夜间，赊了两碗酒，喝下肚去，渐渐的高兴起来了，思想里才又出现白盔白甲的碎片。

有一天，他照例的混到夜深，待酒店要关门，才踱回土谷祠去。

拍，吧～～～！

他忽而听得一种异样的声音，又不是爆竹。阿Q本来是爱看热闹，爱管闲事的，便在暗中直寻过去。2似乎前面有些脚步声；他正听，猛然间一个人从对面逃来了。阿Q一看见，便赶紧翻身跟着逃。那人转弯，阿Q也转弯，既转弯，那人站住了，阿Q也站住。他看后面并无什么，看那人便是小D。

"什么？"阿Q不平起来了。

"赵……赵家遭抢了！"小D气喘吁吁的说。

阿Q的心怦怦的跳了。小D说了便走；阿Q却逃而又停的两三回。但他究竟是做过"这路生意"的人，格外胆大，于是躄出路角，仔细的听，似乎有些嚷嚷，又仔细的看，似乎许多白盔白甲的人，络绎的将箱子抬出了，器具抬出了，秀才娘子的宁式床也抬出了，但是不分明，他还想上前，两只脚却没有动。3

这一夜没有月，未庄在黑暗里很寂静，寂静到像羲皇时候一般太平。阿Q站着看到自己发烦，也似乎还是先前一样，在那里来来往往的搬，箱子抬出了，器具抬出了，秀才娘子的宁式床也抬出了，……抬得他自己有些不信他的眼睛了。但他决计不再上前，却回到自己的祠里去了。

土谷祠里更漆黑；他关好大门，摸进自己的屋子里。他躺了好一会，这才定了神，而且发出关于自己的思想来：白盔白甲

名师批注

1 在阿Q的认知里，洋先生不准他革命，他便无路可走，其实不然，就算他有机会参加革命，以他的思想觉悟也无法找到并认同真正的革命者，他的命运无论如何最后都会走向无路可走的境地，而他那些以满足自己利益为目的的"抱负，志向，希望，前程"更是永远都不可能实现的。

名师批注

2 文中多次提及阿Q的"爱看热闹"，突出了其麻木的看客本质。

名师批注

3 这里的两个"仔细"、三个"抬出了"，写出了阿Q因没有被邀请参加革命的焦虑不安，再次点明了他的革命动机的低下。

的人明明到了，并不来打招呼，搬了许多好东西，又没有自己的份，——这全是假洋鬼子可恶，不准我造反，否则，这次何至于没有我的份呢？阿Q越想越气，终于禁不住满心痛恨起来，毒毒的点一点头："不准我造反，只准你造反？妈妈的假洋鬼子，——好，你造反！造反是杀头的罪名呵，我总要告一状，看你抓进县里去杀头，——满门抄斩，——嚓！嚓！"1

名师批注

1参加不了革命，便想打击报复，体现了阿Q思想的极度狭隘，同时也再次说明了阿Q的革命愿望是经不起考验的。

第九章 大团圆

赵家遭抢之后，未庄人大抵很快意而且恐慌，阿Q也很快意而且恐慌。但四天之后，阿Q在半夜里忽被抓进县城里去了。那时恰是暗夜，一队兵，一队团丁，一队警察，五个侦探，悄悄地到了未庄，乘昏暗围住土谷祠，正对门架好机关枪；然而阿Q不冲出。许多时没有动静，把总焦急起来了，悬了二十千的赏，才有两个团丁冒了险，踰垣进去，里应外合，一拥而入，将阿Q抓出来；直待擒出祠外面的机关枪左近，他才有些清醒了。2

名师批注

2抓捕手无寸铁的阿Q却如此兴师动众，这种夸张的做法恰恰反映了统治阶级的残暴与虚弱。

到进城，已经是正午，阿Q见自己被搀进一所破衙门，转了五六个弯，便推在一间小屋里。他刚刚一跄踉，那用整株的木料做成的栅栏门便跟着他的脚跟阖上了，其余的三面都是墙壁，仔细看时，屋角上还有两个人。

阿Q虽然有些忐忑，却并不很苦闷，因为他那土谷祠里的卧室，也并没有比这间屋子更高明。那两个也仿佛是乡下人，渐渐和他兜搭起来了，一个说是举人老爷要追他祖父欠下来的陈租，一个不知道为了什么事。他们问阿Q，阿Q爽利的答道，"因为我想造反。"

他下半天便又被抓出栅栏门去了，到得大堂，上面坐着一个满头剃得精光的老头子。阿Q疑心他是和尚，但看见下面站着一排兵，两旁又站着十几个长衫人物，也有满头剃得精光像这老头子的，也有将一尺来长的头发披在背后像那假洋鬼子的，都是一脸横肉，怒目而视的看他；他便知道这人一定有些来历，膝关节立刻自然而然的宽松，便跪了下去了。3

名师批注

3阿Q的下跪表明了他身上的奴性根深蒂固，这一情节既批判了统治者的愚民政策，又讽刺了国民的奴性人格。

"站着说！不要跪！"长衫人物都吆喝说。

阿Q虽然似乎懂得，但总觉得站不住，身不由己的蹲了下去，而且终于趁势改为跪下了。

“奴隶性！……”长衫人物又鄙夷似的说，但也没有叫他起来。[1]

“你从实招来罢，免得吃苦。我早都知道了。招了可以放你。”那光头的老头子看定了阿Q的脸，沉静的清楚的说。

“招罢！”长衫人物也大声说。

“我本来要……来投……”阿Q胡里胡涂的想了一通，这才断断续续的说。

“那么，为什么不来的呢？”老头子和气的问。

“假洋鬼子不准我！”

“胡说！此刻说，也迟了。现在你的同党在那里？”

“什么？……”

“那一晚打劫赵家的一伙人。”

“他们没有来叫我。他们自己搬走了。”阿Q提起来便愤愤。

“走到那里去了呢？说出来便放你了。”老头子更和气了。

“我不知道，……他们没有来叫我……”[2]

然而老头子使了一个眼色，阿Q便又被抓进栅栏门里了。他第二次抓出栅栏门，是第二天的上午。

大堂的情形都照旧。上面仍然坐着光头的老头子，阿Q也仍然下了跪。

老头子和气的问道，“你还有什么话说么？”

阿Q一想，没有话，便回答说，“没有。”

于是一个长衫人物拿了一张纸，并一支笔送到阿Q的面前，要将笔塞在他手里。阿Q这时很吃惊，几乎“魂飞魄散”了：因为他的手和笔相关，这回是初次。[3]他正不知怎样拿；那人却又指着一处地方教他画花押。

“我……我……不认得字。”阿Q一把抓住了笔，惶恐而且惭愧的说。

“那么，便宜你，画一个圆圈！”

阿Q要画圆圈了，那手捏着笔却只是抖。于是那人替他将纸铺在地上，阿Q伏下去，使尽了平生的力画圆圈。他生怕被人笑话，

名师批注

[1] 一边鄙夷地斥责了阿Q的奴性，一边又心安理得地受了阿Q的一跪，可见在这些当权者的心中也依然保留着深刻的等级意识，只不过要在其外面包裹一层“民主”的外衣罢了。

名师批注

[2] 这段答非所问的对话描写是作者独具匠心的设计，既体现了当权者的不分青红皂白和阿Q的盲目愚昧，也为后文阿Q被枪毙埋下了伏笔。

名师批注

[3] 以夸张的手法写出了阿Q拿笔时的样子，从侧面反衬了他的愚昧无知。

立志要画得圆，但这可恶的笔不但很沉重，并且不听话，刚刚一抖一抖的几乎要合缝，却又向外一耸，画成瓜子模样了。1

阿Q正羞愧自己画得不圆，那人却不计较，早已掣了纸笔去，许多人又将他第二次抓进栅栏门。

他第二次进了栅栏，倒也并不十分懊恼。他以为人生天地之间，大约本来有时要抓进抓出，有时要在纸上画圆圈的，惟有圈而不圆，却是他“行状”上的一个污点。但不多时也就释然了，他想：孙子才画得很圆的圆圈呢。于是他睡着了。2

然而这一夜，举人老爷反而不能睡：他和把总呕了气了。举人老爷主张第一要追赃，把总主张第一要示众。把总近来很不将举人老爷放在眼里了，拍案打凳的说道，“惩一儆百！你看，我做革命党还不上二十天，抢案就是十几件，全不破案，我的面子在那里？破了案，你又来迂。不成！这是我管的！”举人老爷窘急了，然而还坚持，说是倘若不追赃，他便立刻辞了帮办民政的职务。而把总却道，“请便罢！”于是举人老爷在这一夜竟没有睡，但幸而第二天倒也没有辞。3

阿Q第三次抓出栅栏门的时候，便是举人老爷睡不着的那一夜的明天的上午了。他到了大堂，上面还坐着照例的光头老头子；阿Q也照例的下了跪。

老头子很和气的问道，“你还有什么话么？”

阿Q一想，没有话，便回答说，“没有。”

许多长衫和短衫人物，忽然给他穿上一件洋布的白背心，上面有些黑字。阿Q很气苦：因为这很像是带孝，而带孝是晦气的。然而同时他的两手反缚了，同时又被一直抓出衙门外去了。

阿Q被抬上了一辆没有篷的车，几个短衣人物也和他同坐在一处。这车立刻走动了，前面是一班背着洋炮的兵们和团丁，两旁是许多张着嘴的看客，后面怎样，阿Q没有见。但他突然觉到了：这岂不是去杀头么？他一急，两眼发黑，耳朵里嗡的一声，似乎发昏了。然而他又没有全发昏，有时虽然着急，有时却也泰然；他意思之间，似乎觉得人生天地间，大约本来有时也未免要杀头的。4

名师批注

1 此处对阿Q“画圆圈”时的心理和动作进行了细节描写，把他的死要面子、争强好胜表现得淋漓尽致。

名师批注

2 阿Q的精神胜利法可谓无处不在，他愚昧麻木又妄自尊大的本质也再一次得到了强化。

名师批注

3 这一段有关“举人老爷”和“把总”的分歧十分有喜感，深刻地讽刺了二人为了各自利益而针锋相对的丑态。

名师批注

4 对阿Q意识到自己要被杀头后的心理进行了细致的刻画，一开始他的“两眼发黑”“耳朵里嗡的一声”“发昏”似乎更符合一个正常人的感受，但后来他却“泰然”了，这种死到临头的“泰然”，充分表明他已经麻木不仁到了极点。

他还认得路，于是有些诧异了：怎么不向着法场走呢？他不知道这是在游街，在示众。但即使知道也一样，他不过便以为人生天地间，大约本来有时也未免要游街要示众罢了。

他省悟了，这是绕到法场去的路，这一定是“嚓”的去杀头。他惘惘的向左右看，全跟着马蚁似的人，而在无意中，却在路旁的人丛中发见了一个吴妈。很久违，伊原来在城里做工了。阿Q忽然很羞愧自己没志气：竟没有唱几句戏。他的思想仿佛旋风似的在脑里一回旋：《小孤孀上坟》欠堂皇，《龙虎斗》里的“悔不该……”也太乏，还是“手执钢鞭将你打”罢。他同时想将手一扬，才记得这两手原来都捆着，于是“手执钢鞭”也不唱了。

“过了二十年又是一个……”阿Q在百忙中，“无师自通”的说出半句从来不说的话。1

“好！！！”从人丛里，便发出豺狼的嗥叫一般的声音来。2

车子不住的前行，阿Q在喝采声中，轮转眼睛去看吴妈，似乎伊一向并没有见他，却只是出神的看着兵们背上的洋炮。

阿Q于是再看那些喝采的人们。

这刹那中，他的思想又仿佛旋风似的在脑里一回旋了。四年之前，他曾在山脚下遇见一只饿狼，永是不近不远的跟定他，要吃他的肉。他那时吓得几乎要死，幸而手里有一柄斫柴刀，才得仗这壮了胆，支持到未庄；可是永远记得那狼眼睛，又凶又怯，闪闪的像两颗鬼火，似乎远远的来穿透了他的皮肉。而这回他又看见从来没有见过的更可怕的眼睛了，又钝又锋利，不但已经咀嚼了他的话，并且还要咀嚼他皮肉以外的东西，永是不远不近的跟他走。3

这些眼睛们似乎连成一气，已经在那里咬他的灵魂。

“救命，……”

然而阿Q没有说。他早就两眼发黑，耳朵里嗡的一声，觉得全身仿佛微尘似的迸散了。

至于当时的影响，最大的倒反在举人老爷，因为终于没有追赃，他全家都号咷了。其次是赵府，非特秀才因为上城去报官，被不好的革命党剪了辫子，而且又破费了二十千的赏钱，所以全家也

名师批注

1 不担忧自己的命运，反而在苦苦思索要唱什么戏，阿Q的这种做法简直令人哭笑不得，而他最后“无师自通”喊出的那句话更是将他的愚昧麻木展现到了极点。

名师批注

2 将看客们的叫声比作“豺狼的嗥叫”，暗示了看客们就等同于统治阶级的帮凶，同样可恨。

名师批注

3 这里对狼的描述照应了前面的“豺狼的嗥叫”，进一步明示了看客们的帮凶本质，正是他们帮助封建统治者们一点点地蚕食着像阿Q一样的愚昧民众。

号咷了。从这一天以来，他们便渐渐的都发生了遗老的气味。

至于舆论，在未庄是无异议，自然都说阿Q坏，被枪毙便是他的坏的证据；不坏又何至于被枪毙呢？而城里的舆论却不佳，他们多半不满足，以为枪毙并无杀头这般好看；而且那是怎样的一个可笑的死囚呵，游了那么久的街，竟没有唱一句戏：他们白跟一趟了。1

一九二一年十二月。

名师批注

1 作者以未庄人对阿Q被枪毙的态度来收束全文，是为了引发读者的深层思考：社会依旧黑暗，国民依旧愚昧，中国何时才能得救？

名师/赏析 Learning

《阿Q正传》向人们展现了辛亥革命前后一个畸形社会以及一群畸形人物的真实面貌。阿Q代表了那个时代典型的中国农民。在他的身上，有着农民的优点：能做，“割麦便割麦，舂米便舂米，撑船便撑船”。但同样，在他的身上，也有着旧时农民的缺点：狭隘、自私、愚昧、麻木。他最擅长的就是“精神胜利法”，即以自轻自贱却又妄自尊大、自我麻痹等种种手法来欺骗自己，并陶醉在这幻化的精神胜利之中。更让人有所感触的是，这种“精神胜利法”不是阿Q所独有的，而是普遍存在于当时各个阶层中的一个共同点。所以，鲁迅先生说他是“现代我们国人的魂灵”。

延伸/思考 Thinking

1.请简述阿Q的“精神胜利法”的主要内容。

2.请根据小说情节概括阿Q的主要性格特征，再说一说你对阿Q这一人物形象的理解。

3.阅读小说的最后一章，说说作者对“看客”们持有怎样的态度。

4.对于阿Q的“精神胜利法”你是如何看待的？这种方法在我们今天的生活中是否还存在呢？

端午节

名师导读 Reading

在《端午节》中，鲁迅以诙谐幽默的笔调塑造了一个表面上进步、骨子里却十分落后的旧知识分子形象，通过他的“差不多说”以及满是矛盾的心理与言行，展现了他可怜又可悲、故作清高却十分虚伪、腐朽而懦弱的性格特点。全文轻松幽默，却深刻地揭示出人性的弱点，读来令人震撼。

方玄绰近来爱说“差不多”这一句话，几乎成了“口头禅”似的；而且不但说，的确也盘据在他脑里了。他最初说的是“都一样”，后来大约觉得欠稳当了，便改为“差不多”，一直使用到现在。

他自从发见了这一句平凡的警句以后，虽然引起了不少的新感慨，同时却也得到许多新慰安。譬如看见老辈威压青年，在先是要愤愤的，但现在却就转念道，将来这少年有了儿孙时，大抵也要摆这架子的罢，便再没有什么不平了。又如看见兵士打车夫，在先也要愤愤的，但现在也就转念道，倘使这车夫当了兵，这兵拉了车，大抵也就这么打，便再也不放在心上了。他这样想着的时候，有时也疑心是因为自己没有和恶社会奋斗的勇气，所以瞒心昧己的故意造出来的一条逃路，很近于“无是非之心”，远不如改正了好。然而这意见，总反而在他脑里生长起来。

他将这“差不多说”最初公表的时候是在北京首善学校的讲堂上，其时大概是提起关于历史上的事情来，于是说到“古今人不相远”，说到各色人等的“性相近”，终于牵扯到学生和官僚身上，大发其议论道：

“现在社会上时髦的都通行骂官僚，而学生骂得尤利害。然而官僚并不是天生的特别种族，就是平民变就的。现在学生出身的官僚就不少，和老官僚有什么两样呢？‘易地则皆然’，思想言论举动丰采都没有什么大区别……便是学生团体新办的许多事业，不是也已经难免出弊病，大半烟消火灭了么？差不多的。但中国将来之可虑就在此……”

散坐在讲堂里的二十多个听讲者，有的怅然了，或者是以为这话对；有的勃然了，大约是以为侮辱了神圣的青年；有几个却对他微笑了，大约以为这是他替自己的辩解：因为方玄绰就是兼做官僚的。

而其实却是都错误。这不过是他的一种新不平；虽说不平，又只是他的一种安分的空论。他自己虽然不知道是因为懒，还是因为无用，总之觉得是一个不肯运动，十分安分守己的人。总长冤他有神经病，只要地位还不至于动摇，他决不开一开口；教员的薪水欠到大半年了，只要别有官俸支持，他也决不开一开口。不但不开口，当教员联合索薪的时候，他还暗地里以为欠斟酌，太嚷嚷；直到听得同寮过分的奚落他们了，这才略有些小感慨，后来一转念，这或者因为自己正缺钱，而别的官并不兼做教员的缘故罢，于是也就释然了。

他虽然也缺钱，但从没有加入教员的团体内，大家议决罢课，可是不去上课了。政府说“上了课才给钱”，他才略恨他们的类乎用果子耍猴子；一个大教育家说道“教员一手挟书包一手要钱不高尚”，他才对于他的太太正式的发牢骚了。

“喂，怎么只有两盘？”听了“不高尚说”这一日的晚餐时候，他看着菜蔬说。

他们是没有受过新教育的，太太并无学名或雅号，所以也就没有什么称呼了，照老例虽然也可以叫“太太”，但他又不愿意太守旧，于是就发明了一个“喂”字。太太对他却连“喂”字也没有，只要脸向着他说话，依据习惯法，他就知道这话是对他而发的。

“可是上月领来的一成半都完了……昨天的米，也还是好容易才赊来的呢。”伊站在桌旁，脸对着他说。

“你看，还说教书的要薪水是卑鄙哩。这种东西似乎连人要吃饭，饭要米做，米要钱买这一点粗浅事情都不知道……”

“对啦。没有钱怎么买米，没有米怎么煮……”

他两颊都鼓起来了，仿佛气恼这答案正和他的议论“差不多”，近乎随声附和模样；接着便将头转向别一面去了，依据习惯法，这是宣告讨论中止的表示。

待到凄风冷雨这一天，教员们因为向政府去索欠薪，在新华门前烂泥里被国军打得头破血出之后，倒居然也发了一点薪水。方玄绰不费一举手之劳的领了钱，酌还些旧债，却还缺一大笔款，这是因为官俸也颇有些拖欠了。当是时，便是廉吏清官们也渐以为薪之不可不索，而况兼做教员的方玄绰，自然更表同情于学界起来，所以大家主张继续罢课的时候，他虽然仍未到场，事后却尤其心悦诚服的确守了公共的决议。

然而政府竟又付钱，学校也就开课了。但在前几天，却有学生总会上一个呈文给政府，说“教员倘若不上课，便不要付欠薪。”这虽然并无效，而方玄绰却忽而记起前回政府所说的“上了课才给钱”的话来，“差不多”这一个影子在他眼前又一幌，而且并不消灭，于是他便在讲堂上公表了。

准此，可见如果将“差不多说”锻炼罗织起来，自然也可以判作一种挟带私心的不平，但总不能说是专为自己做官的辩解。只是每到这些时，他又常常喜欢拉上中国将来的命运之类的问题，一不小心，便连自己也以为是一个忧国的志士：人们是每苦于没有“自知之明”的。1

名师批注

1面对捉襟见肘的家境以及为维护自身利益而讨薪的教员们，方玄绰却想出了“忧国”的借口，仍然安坐在办公室里冷眼旁观，由此可以看出，他的清高孤傲只不过是对自私懦弱性格的掩饰。

但是“差不多”的事实又发生了，政府当初虽只不理那些招人头痛的教员，后来竟不理到无关痛痒的官吏，欠而又欠，终于逼得先前鄙薄教员要钱的好官，也很有几员化为索薪大会里的骁将了。惟有几种日报上却很发了些鄙薄讥笑他们的文字。方玄绰也毫不为奇，毫不介意，因为他根据了他的“差不多说”，知道这是新闻记者还未缺少润笔的缘故，万一政府或是阔人停了津贴，他们多半也要开大会的。2

名师批注

2在这一段中，作者以调侃的笔触揭示了几组角色的转换：原来奚落鄙薄教员讨薪的官员变成了讨薪的“骁将”，而现在“鄙薄讥笑”官员的新闻记者们也不过是讨薪的后备军。如此行文，不动声色地批判了政府的黑暗与腐败。

他既已表同情于教员的索薪，自然也赞成同寮的索俸，然而他仍然安坐在衙门中，照例的并不一同去讨债。至于有人疑心他孤高，那可也不过是一种误解罢了。他自己说，他是自从出世以来，只有人向他来要债，他从没有向人去讨过债，所以这一端是“非其所长”。而且他最不敢见手握经济之权的人物，这种人待到失了权势之后，捧着一本《大乘起信论》讲佛学的时候，固然也很是“蔼然可亲”的了，但还在宝座上时，却总是一副阎王脸，将别人都当奴才看，自以为手操着你们这些穷小子们的生杀之权。他因此不敢见，也不愿见他们。这种脾气，虽然有时连自己也觉得是孤高，但往往同时也疑心这其实是没本领。

大家左索右索，总算一节一节的挨过去了，但比起先前来，方玄绰究竟是万分的拮据，所以使用的小厮和交易的店家不消说，便是方太太对于他也渐渐的缺了敬意，只要看伊近来不很附和，而且常常提出独创的意见，有些唐突的举动，也就可以了然了。到了阴历五月初四的午前，他一回来，伊便将一叠账单塞在他的鼻子跟前，这也是往常所没有的。

“一总总得一百八十块钱才够开消……发了么？”伊并不对着他看的说。

“哼，我明天不做官了。钱的支票是领来的了，可是索薪大会的代表不发放，先说是没有同去的人都不发，后来又说是要到他们跟前去亲领。他们今天单捏着支票，就变了阎王脸了，我实在怕看见……我钱也不要了，官也不做了，这样无限量的卑屈……”

方太太见了这少见的义愤，倒有些愕然了，但也就沉静下来。

“我想，还不如去亲领罢，这算什么呢。”伊看着他的脸说。

“我不去！这是官俸，不是赏钱，照例应该由会计科送来的。”

“可是不送来又怎么好呢……哦，昨夜忘记说了，孩子们说那学费，学校里已经催过好几次了，说是倘若再不缴……”

“胡说！做老子的办事教书都不给钱，儿子去念几句书倒要钱？”

伊觉得他已经不很顾忌道理，似乎就要将自己当作校长来出气，犯不上，便不再言语了。

两个默默的吃了午饭。他想了一会，又懊恼的出去了。

照旧例，近年是每逢节根或年关的前一天，他一定须在夜里的十二点钟才回家，一面走，一面掏着怀中，一面大声的叫道，“喂，领来了！”于是递给伊一叠簇新的中交票，脸上很有些得意的形色。谁知道初四这一天却破了例，他不到七点钟便回家来。方太太很惊疑，以为他竟已辞了职了，但暗暗地察看他脸上，却也并不见有什么格外倒运的神情。

“怎么了？……这样早？……”伊看定了他说。

“发不及了，领不出了，银行已经关了门，得等初八。”

“亲领？……”伊惴惴的问。

“亲领这一层，倒也已经取消了，听说仍旧由会计科分送。可是银行今天已经关了门，休息三天，得等到初八的上午。”他坐下，眼睛看着地面了，喝过一口茶，才又慢慢的开口说，“幸而衙门里也没有什么问题了，大约到初八就准有钱……向不相干的亲戚朋友去借钱，实在是一件烦难事。我午后硬着头皮去寻金永生，谈了一会，他先恭维我不去索薪，不肯亲领，非常之清高，一个人正应该这样做；待到知道我想要向他通融五十元，就像我在他嘴里塞了一大把盐似的，凡有脸上可以打皱的地方都打起皱来，说房租怎样的收不起，买卖怎样的赔本，在同事面前亲身领款，也不算什么的，即刻将我支使出来了。”

“这样紧急的节根，谁还肯借出钱去呢。”方太太却只淡淡的说，并没有什么慨然。

方玄绰低下头来了，觉得这也无怪其然的，况且自己和金永生本来很疏远。他接着就记起去年年关的事来，那时有一个同乡来借十块钱，他其时明明已经收到了衙门的领款凭单的了，因为恐怕这人将来未必会还钱，便装了一副为难的神色，说道衙门里既然领不到俸钱，学校里又不发薪水，实在“爱莫能助”，将他空手送走了。他虽然自己并不看见装了怎样的脸，但此时却觉得很局促，嘴唇微微一动，又摇一摇头。然而不多久，他忽而恍然大悟似的发命令了：叫小厮即刻上街去赊一瓶莲花白。他知道店家希图明天多还账，大抵是不敢不赊的，假如不赊，则明天分文不还，正是他们应得的惩罚。

莲花白竟赊来了，他喝了两杯，青白色的脸上泛了红，吃完饭，又颇有些高兴了。他点上一枝大号哈德门香烟，从桌上抓起一本《尝试集》来，躺在床上就要看。

“那么，明天怎么对付店家呢？”方太太追上去，站在床面前，看着他的脸说。

“店家？……教他们初八的下半天来。”

“我可不能这么说。他们不相信，不答应的。”

“有什么不相信。他们可以问去，全衙门里什么人也没有领到，都得初八！”他戟着第二个指头在帐子里的空中画了一个半圆，方太太跟着指头也看了一个半圆，只见这手便去翻开了《尝试集》。

方太太见他强横到出乎情理之外了，也暂时开不得口。

“我想，这模样是闹不下去的，将来总得想点法，做点什么别的事……”伊终于寻到了别的路，说。

“什么法呢？我‘文不像誊录生，武不像救火兵’，别的做什么？”

“你不是给上海的书铺子做过文章么？”

“上海的书铺子？买稿要一个一个的算字，空格不算数。你看我做在那里的白话诗去，空白有多少，怕只值三百大钱一本罢。收版权税又半年六月没消息，

‘远水救不得近火’，谁耐烦。”

“那么，给这里的报馆里……”

“给报馆里？便在这里很大的报馆里，我靠着一个学生在那里做编辑的大情面，一千字也就是这几个钱，即使一早做到夜，能够养活你们么？况且我肚子里也没有这许多文章。”

“那么，过了节怎么办呢？”

“过了节么？——仍旧做官……明天店家来要钱，你只要说初八的下午。”

他又要看《尝试集》了。方太太怕失了机会，连忙吞吞吐吐的说：

“我想，过了节，到了初八，我们……倒不如去买一张彩票……”

“胡说！会说出这样无教育的……”

这时候，他忽而又记起被金永生支使出来以后的事了。那时他惘惘的走过稻香村，看见店门口竖着许多斗大的字的广告道“头彩几万元”，仿佛记得心里也一动，或者也许放慢了脚步的罢，但似乎因为舍不得皮夹里仅存的六角钱，所以竟也毅然决然的走远了。他脸色一变，方太太料想他是在恼着伊的无教育，便赶紧退开，没有说完话。方玄绰也没有说完话，将腰一伸，咿咿呜呜的就念《尝试集》。

一九二二年六月。

名师/赏析 Learning

这篇小说创作于《阿Q正传》完成的半年之后，并不是一个偶然，在主人公方玄绰的身上，我们似乎还依稀可见阿Q的影子。通过对这两篇小说的主题与人物进行分析，更是不难看出这篇作品与《阿Q正传》有着密切的联系。在本文中，作者所塑造的方玄绰总是以“差不多说”来面对现实生活，最终却被残酷的社会现实击落的一败涂地。他的“差不多说”正与阿Q的精神胜利法如出一辙，其本质不过是逃避现实、自欺欺人。所以说，本文是鲁迅先生研究精神胜利法在某些小资产阶级知识分子身上时所呈现出来的表现形式，更是鲁迅先生对国民劣根性考察的又一份有理有据的鉴定报告。

延伸/思考 Thinking

请简要分析，本文的题目“端午节”有什么深刻的内涵？

白光

名师/导读 Reading

《白光》同《孔乙己》一样，塑造了一个在封建科举制度和封建思想的束缚下苦苦挣扎的旧知识分子形象。但与《孔乙己》不同的是，在手法上，本文营造出一种阴森而诡秘的氛围，将陈士成因科举落榜后所产生的幻觉写得惟妙惟肖，烘托出其最后溺死的悲惨命运，同时也揭露出封建科举制度下文人的普遍悲哀，深刻地批判了科举制度对文人身体以及心灵的毒害。

陈士成看过县考的榜，回到家里的时候，已经是下午了。他去得本很早，一见榜，便先在这上面寻陈字。陈字也不少，似乎也都争先恐后的跳进他眼睛里来，然而接着的却全不是士成这两个字。他于是重新再在十二张榜的圆图里细细地搜寻，看的人全已散尽了，而陈士成在榜上终于没有见，单站在试院的照壁的面前。

凉风虽然拂拂的吹动他斑白的短发，初冬的太阳却还是很温和的来晒他。但他似乎被太阳晒得头晕了，脸色越加变成灰白，从劳乏的红肿的两眼里，发出古怪的闪光。这时他其实早已不看到什么墙上的榜文了，只见有许多乌黑的圆圈，在眼前泛泛的游走。

隽了秀才，上省去乡试，一径联捷上去，……绅士们既然千方百计的来攀亲，人们又都像看见神明似的敬畏，深悔先前的轻薄，发昏，……赶走了租住在自己破宅门里的杂姓——那是不劳说赶，自己就搬的，——屋宇全新了，门口是旗竿和扁额，……要清高可以做京官，否则不如谋外放。……他平日安排停当的前程，这时候又像受潮的糖塔一般，刹时倒塌，只剩下一堆碎片了。他不自觉的旋转了觉得涣散了的身躯，惘惘的走向归家的路。

他刚到自己的房门口，七个学童便一齐放开喉咙，吱的念起书来。他大吃一惊，耳朵边似乎敲了一声磬，只见七个头拖了小辫子在眼前幌，幌得满房，黑圈子也夹着跳舞。他坐下了，他们送上晚课来，脸上都显出小觑他的神色。

“回去罢。”他迟疑了片时，这才悲惨的说。

他们胡乱的包了书包，挟着，一溜烟跑走了。

陈士成还看见许多小头夹着黑圆圈在眼前跳舞，有时杂乱，有时也排成异样的阵图，然而渐渐的减少，模胡了。

“这回又完了！”

他大吃一惊，直跳起来，分明就在耳朵边的话，回过头去却并没有什么人，仿佛又听得嗡的敲了一声磬，自己的嘴也说道：

“这回又完了！”

他忽而举起一只手来，屈指计数着想，十一，十三回，连今年是十六回，竟没有一个考官懂得文章，有眼无珠，也是可怜的事，便不由嘻嘻的失了笑。然而他愤然了，蓦地从书包布底下抽出誊真的制艺和试帖来，拿着往外走，刚近房门，却看见满眼都明亮，连一群鸡也正在笑他，便禁不住心头突突的狂跳，只好缩回里面了。

他又就了坐，眼光格外的闪烁；他目睹着许多东西，然而很模胡，——是倒塌了的糖塔一般的前程躺在他面前，这前程又只是广大起来，阻住了他的一切路。

别家的炊烟早消歇了，碗筷也洗过了，而陈士成还不去做饭。寓在这里的杂姓是知道老例的，凡遇到县考的年头，看见发榜后的这样的眼光，不如及早关了门，不要多管事。最先就绝了人声，接着是陆续的熄了灯火，独有月亮，却缓缓的出现在寒夜的空中。

空中青碧到如一片海，略有些浮云，仿佛有谁将粉笔洗在笔洗里似的摇曳。月亮对着陈士成注下寒冷的光波来，当初也不过像是一面新磨的铁镜罢了，而这镜却诡秘的照透了陈士成的全身，就在他身上映出铁的月亮的影。

他还在房外的院子里徘徊，眼里颇清净了，四近也寂静。但这寂静忽又无端的纷扰起来，他耳边又确凿听到急促的低声说：

“左弯右弯……”

他耸然了，倾耳听时，那声音却又提高的复述道：

"右弯！"

他记得了。这院子，是他家还未如此雕零的时候，一到夏天的夜间，夜夜和他的祖母在此纳凉的院子。那时他不过十岁有零的孩子，躺在竹榻上，祖母便坐在榻旁边，讲给他有趣的故事听。伊说是曾经听得伊的祖母说，陈氏的祖宗是巨富的，这屋子便是祖基，祖宗埋着无数的银子，有福气的子孙一定会得到的罢，然而至今还没有现。至于处所，那是藏在一个谜语的中间：

"左弯右弯，前走后走，量金量银不论斗。"1

对于这谜语，陈士成便在平时，本也常常暗地里加以揣测的，可惜大抵刚以为可通，却又立刻觉得不合了。有一回，他确有把握，知道这是在租给唐家的房底下的了，然而总没有前去发掘的勇气；过了几时，可又觉得太不相像了。至于他自己房子里的几个掘过的旧痕迹，那却全是先前几回下第以后的发了怔忡的举动，后来自己一看到，也还感到惭愧而且羞人。

但今天铁的光罩住了陈士成，又软软的来劝他了，他或者偶一迟疑，便给他正经的证明，又加上阴森的催逼，使他不得不又向自己的房里转过眼光去。

白光如一柄白团扇，摇摇摆摆的闪起在他房里了。

"也终于在这里！"

他说着，狮子似的赶快走进那房里去，但跨进里面的时候，便不见了白光的影踪，只有莽苍苍的一间旧房，和几个破书桌都没在昏暗里。他爽然的站着，慢慢的再定睛，然而白光却分明的又起来了，这回更广大，比硫黄火更白净，比朝雾更霏微，而且便在靠东墙的一张书桌下。2

陈士成狮子似的奔到门后边，伸手去摸锄头，撞着一条黑影。他不知怎的有些怕了，张惶的点了灯，看锄头无非倚着。他移开桌子，用锄头一气掘起四块大方砖，蹲身一看，照例是黄澄澄的细沙，揎了袖爬开细沙，便露出下面的黑土来。他极小心的，幽静的，一锄一锄往下掘，然而深夜究竟太寂静了，尖铁触土的声音，总是钝重的不肯瞒人的发响。

土坑深到二尺多了，并不见有瓮口，陈士成正心焦，一声脆

名师批注

1 祖母讲的故事配合着与宝藏有关的谜语都为小说本身增添了一抹神秘的色彩，在不知不觉中引出了读者的探索欲望，同时也推动了情节的发展。

名师批注

2 对于陈士成精神失常后的动作、心理、精神状态，作者做了细腻生动的描述，这里陈士成对于宝藏的渴望暴露了他梦想升官发财的心态，也预示了他已处于精神崩溃的边缘。

4.（2009 · 江苏）下列有关名著的说明，不正确的两项是（　　）

A.鲁迅《呐喊 · 风波》中的九斤老太固守旧制度、旧习惯，她的口头禅是“一代不如一代”，这表明她与赵七爷一样，是维护封建统治势力的代表人物

B.沈从文《边城》叙写了一个情节曲折的爱情故事，描绘了优美的自然景物和独特的民俗风情，歌颂了淳朴善良的人性，洋溢着浓厚的湘西乡土气息

C.曹禺《雷雨》中有多组戏剧冲突，如周朴园与繁漪之间、周朴园与侍萍之间、周朴园与鲁大海之间，其中以周朴园与繁漪的冲突为中心

D.《三国演义》中，吕布追赶曹操时，曹操以手遮脸，轻松逃脱；马超紧迫曹操时，曹操“割须弃袍”，狼狈不堪。两处描写显示了吕布与马超的不同个性

E.海明威《老人与海》中的老人历尽艰辛，捕获了一条特大的马林鱼，归航途中与一群鲨鱼殊死搏斗，终于保住了马林鱼。这是刻画硬汉形象的重要情节

答案：AE

试题分析：

这道题考查的是学生对名著的掌握和理解。选项A中，九斤老太是老一代保守思想的代表人物，她看不惯新生事物，一心留恋过去。但她和有着官方势力的赵七爷不同，她只是社会底层民众中的一员，她“一代不如一代”的口头禅不仅表达出她对现实的不满，也体现出农民的狭隘性。选项E中，老人虽然与鲨鱼进行殊死搏斗，但最终并没有保住马林鱼。老人历经艰辛，最后拖回家的只剩下一副光秃秃的鱼骨架和一身的伤。这提醒学生在平时的阅读中不要忽略作品的主要内容和主要细节。

5.（2008 · 江苏）夏瑜、九斤老太、闰土、单四嫂子、陈士成这些人物分别出于鲁迅小说集《呐喊》中的哪篇作品?

答案：夏瑜——《药》，九斤老太——《风波》，闰土——《故乡》，单四嫂子——《明天》，陈士成——《白光》

试题分析：

这道题旨在考查学生对名著《呐喊》的篇目及其内容的熟悉程度。这就需要学生在平时的学习中下功夫，在阅读中关注作家作品、主要情节、重点人物

等方面内容。唯有这样，学生才能在考试中做到游刃有余。

期中（末）考场原题

6.依次填入下列各句横线处的词语，恰当的一项是（　　）

（1）我便从头直冷到脚根，晓得他们布置，都已_______了。

（2）进了书房，便反扣上门，_______是关了一只鸡鸭。这一件事，越教我猜不出底细。

（3）书上写着这许多字，佃户说了这许多话，却都笑_______的睁着怪眼睛看我。

（4）前天赵家的狗，看我几眼，可见他也同谋，早已_______。老头子眼看着地，岂能瞒得我过。

A.妥当　宛然　吟吟　接洽　　B.停当　宛然　呵呵　接洽

C.妥当　宛然　吟吟　接触　　D.妥当　宛然　哈哈　接洽

答案：A

试题分析：

这道题考查的是学生对词语的分析。B选项中“停当”指事情已经齐备，但并不表示事情完成得好坏；C选项中“接触”指刚刚碰到，还没有谋划好；D选项中“哈哈”多是指大笑，而大笑鲜少会睁眼看。本部分节选自《狂人日记》，只要熟悉内容，再分析词义，答案自然就出来了。

7.下列有关表述，有误的一项是（　　）

A.杜甫的诗“三吏”“三别”，真实地反映了唐朝安史之乱时期，战乱给人民带来的巨大痛苦，以及对社会造成的极大破坏，《石壕吏》便是其中的一首

B.《阿长与〈山海经〉》的作者是我国现代文学的奠基人鲁迅，本文选自他的小说集《呐喊》

C.《爱莲说》与《陋室铭》在写作方法上都是借助某种事物来抒发情感，我们称这种写法为借物喻人

D.《石壕吏》中“吏呼一何怒！妇啼一何哭！”两句运用对比手法，形成强烈

的反差，极其形象地写出了“吏”与“妇”的矛盾

答案：B

试题分析：

这是一道考查文学常识的题型，旨在考查学生对所学知识的熟悉程度。学生只要在平时的学习中注意把握所学知识的精髓，就能够在考试中做到游刃有余。选项B涉及鲁迅先生的作品，《呐喊》是鲁迅先生的小说集，但其中并没有《阿长与〈山海经〉》这篇，这篇出自他的散文集《朝花夕拾》。

8.下面有关名著名篇的说明，不正确的两项是（　　）

A.《狂人日记》是鲁迅先生创作的第一篇白话小说，也是中国现代文学史上的第一篇白话小说，与俄国作家果戈理的一部小说同名

B.鲁迅先生一共有三部小说集，《呐喊》是他的第一部小说集

C.在《呐喊》的14篇小说中，《不周山》原也收录其中，后被收录到《故事新编》，并改名为《铸剑》

D.《呐喊》收录了鲁迅先生1918年至1922年间的小说作品，对腐朽的封建专制制度进行了勇猛的抨击和无情的批判。其中《祝福》更是揭露了封建宗法制度对妇女的迫害

E.阿Q的革命目的之一就是讨老婆，这是他自然本能的要求，说明他有着明确的革命目标

答案：DE

试题分析：

这道题主要考查学生对《呐喊》的熟悉程度，其中也拓展了不少知识点。但只要学生在平时的阅读中多留意那些关键的人物、情节及内容，再细致阅读本题，想要答对并不难。D选项中，《祝福》并不是《呐喊》中的篇目；E选项中，阿Q的革命目标并不明确，而是盲目的。

9.判断正误。

（1）《呐喊》旨在描摹“病态社会的不幸人们”，“揭出病苦，引起疗救的注意”，为新文化运动“呐喊”助威，“慰藉那在寂寞里奔驰的猛士，使他不惮于前驱”。（　　）

（2）《狂人日记》的主人公是一个患有迫害狂恐惧症的“狂人”，作品的主旨是要借此表现下层劳动人民所受到的迫害，本文可以说是一个精神病人的“纪实文学”。（　　）

（3）《阿Q正传》成功地塑造了一个落后不觉悟的农民阿Q的形象，他的“自欺欺人”“精神胜利法”“欺软怕硬”“自我作践”，都具有相当大的普遍性。把中国人的深层人物小性格揭示得淋漓尽致，这是鲁迅的一个巨大的贡献。（　　）

（4）《孔乙己》用第一人称“我”——作者本人耳闻目睹的情况来写孔乙己，他的肖像刻画、对话、经历，都是通过“我”的概括叙述来表现的，由此塑造的人物，显得真实可信。（　　）

（5）鲁迅先生的著作中充满了对祖国人民深深的爱，这种爱具体表现为“哀其不幸，怒其不争”，对单四嫂子和祥林嫂这些命运凄苦的寡妇也是如此，作者在“哀其不幸”的同时，更多地将批判的锋芒指向了这些“不争”的寡妇。（　　）

答案：（1）√（2）×（3）√（4）×（5）×

试题分析：

这是一道考查《呐喊》各篇阅读的题目，着重考查学生对名著主要内容及主题的了解情况。因此，在阅读的过程中，学生切不可只流于表面，而忽视了作品的主题。此外，学生还要仔细审题，不要误入题干中的陷阱。在（2）中，《狂人日记》并非旨在表现下层劳动人民所受到的迫害，也不是所谓的精神病人的“纪实文学”，它的深层意义在于借狂人之口来揭露几千年来封建礼教吃人的本质。在（4）中，《孔乙己》虽然是用第一人称“我”耳闻目睹的情况来写的，但小说中的“我”指的是咸亨酒店的一个小伙计，而不是作者本人。在（5）中，题干中说作者更多地将批判的锋芒指向这些“不争”的寡妇，未免太过表面化，实际上，作者更多地是将批判的锋芒指向那吃人的封建礼教。

10.请写出《呐喊》中收录的几篇小说。（写出五篇即可。）

答案：《狂人日记》《孔乙己》《药》《故乡》《阿Q正传》（答案不唯一。）

试题分析：

这道题旨在考查学生对《呐喊》篇目的熟悉程度。这就要求学生在平时的学习中注意积累，除了熟悉作品内容，也要熟记其中的主要篇目。

11.请概述《阿Q正传》中赵秀才、假洋鬼子投机革命的一两个细节。

答案：①将辫子盘在顶上。②去静修庵“革命”，砸碎龙牌。③把老尼姑当作满政府，给了她不少的棍子和栗凿。

试题分析：

这道题旨在考查学生对《阿Q正传》内容的熟悉度。学生在平时的学习中不仅要阅读《阿Q正传》，同时还要留心其中的细节描写。只有这样，学生才能在考试中做到胸有成竹。

12.“我这时突然感到一种异样的感觉，觉得他满身灰尘的后影，刹时高大了，而且愈走愈大，须仰视才见。而且他对于我，渐渐的又几乎变成一种威压，甚而至于要榨出皮袍下面藏着的‘小’来。”（《一件小事》）结合全文，探究“我”“异样的感觉”的心理内涵。

答案：

看到车夫的高尚行为后，“我”的灵魂深处产生了巨大的震动，从车夫那满身灰尘的后影，“我”感受到他高大的形象。此处作者以“我”悔恨、自责的感受写出对下层劳动人民优秀品质的赞颂，同时也表现了“我”敢于正视自身弱点，勇于自我解剖的精神。

试题分析：

这道题旨在考查学生对名篇中心思想的理解。《一件小事》是《呐喊》中的名篇，鲁迅先生用这样一篇一千余字的短文，表达了他对下层劳动人民朴素而深沉的爱，也表现了新一代知识分子勇于自我反省的新思想，具有深远的社会意义。只要把握了这个主旨，答案不言而喻。

·名著阅读模拟演练测试（一）·

基础识记题

1.针对《呐喊》中的篇目，有人对其做过一些评价，其中，“一件不肯脱去的长衫”指的是________，“幼年的另一段快乐生活”指的是________。（写出小说名称。）

2.《呐喊》中的篇目不仅思想深刻，在艺术形式上也颇有创新，如日记式的小说《________》，类似“聊天记录式”的小说《________》，具有意识流特质的小说《________》，类似人物传记的小说《________》《________》。

3.在鲁迅《呐喊》中，康大叔、古久先生、何小仙、丁举人这些人物分别出自《________》《________》《________》《________》。

4.《一件小事》主要运用了________手法，突出了车夫与“我”的不同。

5.《风波》通过一场由“________”引起的风波，深刻地揭示出辛亥革命后广大农村的真实面貌，令读者感受到欲要革命，必先救民的真理。

6.《故乡》表现了________时期中国农村破败凋敝的真实图景，揭示了农村危机背后的社会危机。其中，闰土的人物原型是鲁迅少年时期的朋友________。

7.《呐喊》中，总爱说“差不多”的是《________》中的主人公________。

8.《兔和猫》这篇小说带有鲜明的________色彩，作者以________为对象，抒发了自己的爱憎。

9.《社戏》中人物的刻画生动形象，个性鲜明，________热情、机灵、直率，________无私、憨厚，________善良、宽厚、爱惜劳动成果。

10.《鸭的喜剧》是一篇带有纪实性色彩的小说，写的是俄国盲诗人________在北京的一段经历。

11.“他极小心的，幽静的，一锄一锄往下掘，然而深夜究竟太寂静了，尖铁触土的声音，总是钝重的不肯瞒人的发响。”这一段描写的人物是（　　）

A.阿Q　　B.孔乙己　　C.方玄绰　　D.陈士成

12.鲁迅多次在《呐喊》中提到辛亥革命，其中，没有涉及辛亥革命失败原因的是（　　）

A.《风波》　　B.《阿Q正传》　　C.《鸭的喜剧》　　D.《药》

13.下列叙述有误的一项是（　　）

A.鲁迅在《狂人日记》中赋予“吃人”这一审美命题以具象，确实产生了深远的警示作用：中国要有希望，必须从政治、思想、精神和心理结构等方面，彻底毁坏这“吃人的筵宴”

B.《阿Q正传》采用了改造过的章回体小说的形式，分九章讲述了一个曲折起伏的故事，形象地刻画了阿Q的性格特征，往往能引读者会心一笑，但笑过以后却又不禁怜悯阿Q

C.《明天》是鲁迅着力反映妇女悲惨命运的小说之一。作品通过寡妇单四嫂子痛失独子宝儿的描写，令人震悚地展示了一幅中国妇女孤立无助的图景，同时抨击了黑暗社会的吃人本质和没落社会中人们的无情和冷漠

D.《药》中的华家和夏家合称华夏，而华夏其实就是中国，因为中国在古代的称谓为华夏。华家、夏家的故事就是中国的故事；华家、夏家的悲惨遭遇就是当时中国社会现实的写照

14.判断正误。

（1）鲁迅笔下的知识分子形象，其精神特征大体分为三类：第一类是封建制度的受害者和牺牲者，如狂人；第二类是封建制度的维护者和追随者，如赵七爷；第三类是封建制度的破坏者和反抗者，如陈士成。（　　）

（2）《端午节》中所选的今年的端午节与往年一样，因为政府拖欠薪水，方玄绰失去了生活来源，节日必然过得凄惶。作者故意用节日的气氛来衬托方玄

绰的自私以及假清高、真无能。（　　）

（3）鲁迅很善于通过富有典型意义的事件和细节，反映特定的时代气氛。如《阿Q正传》中衣箱寄存，辫子盘法等细节，形象地反映了辛亥革命时期农村的落后、闭塞，交代了故事的社会背景和典型环境。（　　）

（4）《社戏》描写了淳厚的民风。演社戏和看社戏的习俗风情都发出浓厚的乡土气息，民风的描述对刻画人物起了陪衬作用，使作品读来饶有情趣、亲切感人。（　　）

（5）《药》有一明一暗两条线索，明线是华老栓一家，暗线是夏瑜一家。明线是次线，突出群众的愚昧麻木；暗线是主线，揭示革命者的悲哀。两条线从并行到融合，突出因群众的冷漠而带来的革命者的悲哀。（　　）

15.根据《呐喊·自序》，将鲁迅的行踪及思想发展连起来。

地点	生活经历	思想发展
绍兴	杂志失败	立志学医
南京	幼侍亲疾	奋起战斗
仙台	朋友索稿	自我反省
东京	痛看时片	世态炎凉
北京	追求新知	弃医从文

评析鉴赏题

16.在鲁迅的小说里，帮闲是一个非常重要的群体，他们无处不在。请结合《呐喊》有关篇目的具体人物，简析帮闲形象。

17.《孔乙己》“便排出九文大钱”“他从破衣袋里摸出四文大钱”这两句话中，一处用“排”，一处用“摸”，意思有何不同。

18.“曲笔”是指不拘泥于事物真实情况的写法。《呐喊》中就有一些“曲笔”，请举出两个事例。

19.如何看待阿Q的革命?

20.结合《白光》全文，请你谈谈对“白光”作用的理解。

阅读理解题

21.阅读下面的文字，回答问题。

这来的便是闰土。虽然我一见便知道是闰土，但又不是我这记忆上的闰土了。他身材增加了一倍；先前的紫色的圆脸，已经变作灰黄，而且加上了很深的皱纹；眼睛也像他父亲一样，周围都肿得通红，这我知道，在海边种地的人，终日吹着海风，大抵是这样的。他头上是一顶破毡帽，身上只一件极薄的棉衣，浑身瑟索着；手里提着一个纸包和一支长烟管，那手也不是我所记得的红活圆实的手，却又粗又笨而且开裂，像是松树皮了。

我这时很兴奋，但不知道怎么说才好，只是说：

“阿！闰土哥，——你来了？……”我接着便有许多话，想要连珠一般涌出：角鸡，跳鱼儿，贝壳，猹，……但又总觉得被什么挡着似的，单在脑里面回旋，吐不出口外去。

他站住了，脸上现出欢喜和凄凉的神情；动着嘴唇，却没有作声。他的态度终于恭敬起来了，分明的叫道："老爷！……"

我似乎打了一个寒噤；我就知道，我们之间已经隔了一层可悲的厚障壁了。我也说不出话。

（1）以上这部分文字出自小说《________》，选自鲁迅小说集《________》。

（2）选文中对于闰土手部细节的描写，表明这双手经历了________________。

（3）闰土见到阔别二十年的老朋友，脸上现出"欢喜"和"凄凉"的神情，对此理解不正确的选项是（　　）

A.闰土之所以感到欢喜是因为见到了幼年时的好友

B.闰土感到凄凉是因为好友即将离去，再见面不知该是什么时候

C."欢喜"和"凄凉"这段神态描写写出了闰土当时内心的变化，是传神之笔

D."欢喜"和"凄凉"表现出两种不同的心情，寓意十分深刻

（4）末段"厚障壁"一说采用了________的修辞，它实际指的是________________________________。

22.阅读下面的文字，回答问题。

我的很重的心忽而轻松了，身体也似乎舒展到说不出的大。一出门，便望见月下的平桥内泊着一只白篷的航船，大家跳下船，双喜拔前篙，阿发拔后篙，年幼的都陪我坐在舱中，较大的聚在船尾。母亲送出来吩咐"要小心"的时候，我们已经点开船，在桥石上一磕，退后几尺，即又上前出了桥。于是架起两支橹，一支两人，一里一换，有说笑的，有嚷的，夹着潺潺的船头激水的声音，在左右都是碧绿的豆麦田地的河流中，飞一般径向赵庄前进了。

两岸的豆麦和河底的水草所发散出来的清香，夹杂在水气中扑面的吹来；月色便朦胧在这水气里。淡黑的起伏的连山，仿佛是踊跃的铁的兽脊似的，都远远地向船尾跑去了，但我却还以为船慢。他们换了四回手，渐望见依稀的赵庄，而且似乎听到歌吹了，还有几点火，料想便是戏台，但或者也许是渔火。

那声音大概是横笛，宛转，悠扬，使我的心也沉静，然而又自失起来，觉得要和他弥散在含着豆麦蕴藻之香的夜气里。

那火接近了，果然是渔火；我才记得先前望见的也不是赵庄。那是正对船

头的一丛松柏林，我去年也曾经去游玩过，还看见破的石马倒在地下，一个石羊蹲在草里呢。过了那林，船便弯进了叉港，于是赵庄便真在眼前了。

——选自鲁迅《社戏》

（1）“点”“磕”“退后”“上前”等描写开船动作的词语说明了什么？

______

______

（2）以下有三句关于“我”心理活动的语句，然后分别从括号里选出能恰当概括“我”的心理活动的词语填在横线上。

①我的很重的心忽而轻松了，身体也似乎舒展到说不出的大。______（活泼　欢喜）

②但我却还以为船慢。______（急切　焦虑）

③我的心也沉静……豆麦蕴藻之香的夜气里。______（惘然　陶醉）

（3）“而且似乎听到歌吹了”中，“似乎”能否去掉，为什么？

______

______

拓展运用题

23.请想象一下，20年后，《故乡》中的宏儿和水生再见面会是怎样的情景。

24.仿照示例，为鲁迅写一段话。

示例：汤显祖——一部《牡丹亭》，一首青春的歌诗，一曲真情的颂歌。你彰显人性，反对束缚，你是当之无愧的杰出的戏曲作家，美的守护神！

鲁迅——

______

______

·名著阅读模拟演练测试（二）·

基础识记题

1.《呐喊》是鲁迅所作的短篇小说的结集，收录了14篇小说。其中，鲁迅在《________》中发出了“救救孩子……”的呐喊。

2.邹七嫂、杨二嫂、八一嫂、三太太、方太太这些人物分别出于《________》《________》《________》《________》《________》。

3.《明天》通过对寡妇________痛失独子的描写，展示了一幅中国妇女孤立无助的图景，抨击了当时黑暗社会吃人本质和人们的无情。

4.《一件小事》的特点是________，全文仅一千字左右。

5.《呐喊》中有因头发被剪而搅得生活不平静的故事，有________中的N先生，有《风波》中的________。

6.《故乡》主要刻画了________和________这两个人物形象。小说在艺术上偏重抒情，基调是________的。

7.《端午节》写了政府欠薪和教员索薪，索薪的时间从年关提前到________前，还从教员索薪写到________索薪，这是对当局莫大的讽刺。作者的笔法从容有致、委婉含蓄，在不露声色的描述中，暴露了________。

8.《________》在主旨方面和《孔乙己》是一致的，矛头直指封建科举制度。主人公________醉心科举考试，梦想升官发财，在第十六次落榜后终于精神恍惚，结果落水身亡，离开了冷漠的人世。

9.下列选项中，搭配不正确的一组是（　　）

A.《西游记》　吴承恩　明代　B.《海底两万里》　凡尔纳　法国

C.《呐喊》　鲁迅　中国当代　D.《格列佛游记》　乔纳森·斯威夫特　英国

10.《呐喊·自序》中说“我在年青时候也曾经做过许多梦”，文中这个“梦”含义正确的一项是（　　）

A.青年时代救国救民的理想　　B.对国家民族抱有美好的憧憬

C.寻求真理的种种理想　　D.喻指对前途的打算

11.下列对《呐喊》内文的表述，正确的一项是（　　）

A.王九妈是一个热情的人，她十分真诚地帮助单四嫂子处理宝儿的后事

B.赵七爷有一件竹布长衫，他平时一直穿着

C.华老栓是向红眼睛阿义买的人血馒头

D.孔乙己原来也读过书，只是一直没有进学

12.以下说法不正确的一项是（　　）

A.鲁迅在小说《明天》中，写了单四嫂子、蓝皮阿五等人，批判了封建社会对中国劳动妇女的残害，痛斥了人们愚昧麻木和不觉悟的精神状态，鲁迅对他们带有深深的“哀其不幸，怒其不争”的情感

B.鲁迅于1918年发表在《新青年》上的《呐喊》是中国现代文学史上第一篇用现代文学体式创作的白话短篇小说。它不仅标志着现代小说的形成，更是对封建吃人礼教投出的第一把利剑

C.《阿Q正传》中，当革命的消息传到未庄，阿Q起先由于思想的保守，以为革命便是造反，造反便是与他为难，所以是“深恶而痛绝之”；但见革命使百里闻名的举人老爷害怕，于是他不免有些“神往”，最后便“投降”革命了

D.《狂人日记》按照狂人心理活动的流动来组织小说。小说采用了白话文体，却又精心设计了一个文言体的“小序”，从而形成了两个对立的叙述者，两重叙述，两重视点，构成一个反讽的结构

13.鲁迅《呐喊》中写了各种类型的人物，与以下三种类型相对应的代表人物顺序排列正确的是（　　）

（1）恃强凌弱的施暴者，代表人物是＿＿＿＿＿＿＿＿。

（2）恨铁不成钢的受害者，代表人物是________________。

（3）愚昧麻木的旁观者，代表人物是________________。

①闰土、单四嫂子　　②康大叔、阿义　　③驼背五少爷、蓝皮阿五

A. ①②③　　B. ①③②　　C. ②①③　　D. ③①②

14.判断正误。

（1）《呐喊》创作正值“五四”革命精神高扬时期，作者在小说中，对中国旧有制度进行深刻剖析，全面肯定了辛亥革命的历史经验。（　　）

（2）《呐喊》中的很多篇章运用外貌、语言、动作和心理描写，塑造了典型环境中的典型人物，比如阿Q、孔乙己、鲁四老爷、闰土、陈士成等。（　　）

（3）鲁迅的《狂人日记》是我国文学史上第一篇白话小说，它以一个疯子的口吻自诉，由十三则日记组成，主题是要暴露家族制度和封建礼教的弊害。结尾处“救救孩子”的呐喊震人心魄，发人深省。（　　）

（4）《故乡》中特别交代了闰土拣的几样东西中有一对香炉和烛台，它们寄托了闰土的希望；而杨二嫂的形象则再次宣告着又一个灵魂的毁灭。因此，《故乡》的主题是表现旧中国农村的破产。（　　）

（5）鲁迅《药》中的华老栓是没有觉悟的劳动群众的代表，他勤劳善良又愚昧麻木，只关心给自己的儿子治病，对刽子手卑躬屈膝，对革命者的死无动于衷，作者对他的态度是“哀其不幸，怒其不争”。（　　）

评析鉴赏题

15.《狂人日记》中的狂人有着怎样的性格特点？

16.“孔乙己是这样的使人快活，可是没有他，别人也便这么过。”怎样理解这句话的含义？它在文中起什么作用？

17.请分析《药》中曲笔的用法。

18.《头发的故事》通过N先生与“我”的对话，从纪念双十节联想到辛亥革命的成果——剪去了辫子，从而理性地总结了辫子在中国的历史及其在人们精神上造成的弊病，给人以深刻的启迪和回味。在艺术形式上，本篇有何特色？

19.七斤是鲁迅小说《风波》中的一个农民形象。简析这个形象及其典型意义。

阅读理解题

20.阅读下面的文字，回答问题。

我躺着，听船底潺潺的水声，知道我在走我的路。我想：我竟与闰土a到这地步了，但我们的后辈还是一气，宏儿不是正在想念水生么。我希望他们不再像我，又大家b起来……然而我又不愿意他们因为要一气，都如我的辛苦展转而生活，也不愿意他们都如闰土的辛苦麻木而生活，也不愿意都如别人的辛苦恣睢而生活。他们应该有新的生活，为我们所未经生活过的。

我想到希望，忽然害怕起来了。闰土要香炉和烛台的时候，我还暗地里笑他，以为他总是崇拜偶像，什么时候都不忘却。现在我所谓希望，不也是我自己手制的偶像么？只是他的愿望切近，我的愿望茫远罢了。

我在朦胧中，眼前展开一片海边碧绿的沙地来，上面深蓝的天空中挂着一轮金黄的圆月。我想：希望是本无所谓有，无所谓无的。这正如地上的路；其实地上本没有路，走的人多了，也便成了路。

——选自鲁迅《故乡》

（1）文中a、b两个空白处应该填上的词语是：

a ______________ b ______________

（2）选文中有三个"辛苦"排列一处，表现了当时人们生活的负重感，它们字面上的意思虽然相同，但包含的具体生活内容却不同，请解释：

"辛苦展转"：______________

"辛苦麻木"：______________

"辛苦恣睢"：______________

（3）"我想到希望，忽然害怕起来了。""我"害怕什么？

____

（4）结尾关于"希望"，理解正确的一项是（　　）

A."希望"是自己手制的偶像，它的有无都是无所谓的

B."希望"的有无取决于实践，消极等待，绝无希望可言；努力争取，希望才能实现

C.因为"希望"是无法实现的，所以无所谓无

D.闰土和"我"的友谊已不存在，"我"也没有什么"希望"可言了

（5）结合全文，说说小说《故乡》题目的好处。

拓展运用题

21.读书做人。

（1）伟大的文学，往往始终保持着对于理性和知识的信心，而不会沉溺

于对于历史和记忆的虚无主义态度，因为力量的源泉，或许只能存在于此……

伟大的文学，它在急剧变动的时代和世界面前往往表现出雄浑博大的整合的力量，表现出殚精竭虑的搏斗的迹象。这往往是因为伟大的写作者既保持着对人性的尊重和对人类自由的热爱，也深知人类取得进展的艰难以及为此而斗争需要支付的巨大代价……

伟大的文学，那些在众多苦难的时代使人类的精神前行的文学，必定面对生活、历史和命运中的真实的难题，承担起接受时代挑战的重荷，为争取人的自由和幸福进行前赴后继的努力，酝酿薪火相传的成就，并在这一进程中获得峻刻而坚强的力量……

……只有伟大的文学和伟大的写作者，能够建立起新的力量；只有伟大的文学能够在这种时代中珍视自由、幸福和价值并为之而斗争。

（2）鲁迅说："凡是愚弱的国民，即使体格如何健全，如何茁壮，也只能做毫无意义的示众的材料和看客，病死多少是不必以为不幸的。所以我们的第一要著，是在改变他们的精神，而善于改变精神的是，我那时以为当然要推文艺，于是想提倡文艺运动了。"

（3）2003年11月5日，成都都江堰中兴镇老桥桥头发生了一起令人心寒的事件：一名弱女子深夜遭遇歹徒追杀，发出撕心裂肺的呼救，整条大街的居民听到了呼救，却无人开门制止；唯一还开着门的店主，居然马上拉下了卷帘门！这名女子在绝望中被暴徒殴打致死。那个寒冷而麻木的夜晚，人们听着她的呼救，看着她绝望地死去，这些人冷漠、麻木，而又精明、小心。

看了上面几则材料，再结合鲁迅先生《呐喊·自序》中的话，谈谈你对人性的思索和文学力量的认识；你认为文学在改造人性方面有没有作用，有多大的作用？

·名著阅读模拟演练测试（三）·

基础识记题

1.《呐喊》的作者是________，除这部小说集外，他还著有散文集________，小说集________，杂文集________。

2.鲁迅在《狂人日记》中所塑造的“狂人”实际上是觉醒的________的形象，他的周围都是被________侵蚀了灵魂的人，他所害怕和反抗的则是________的惯例。

3.鲁迅的《药》除了塑造了一群看客的形象外，还有一群帮凶：凶狠、贪婪、蛮横的刽子手________，杀了人还要卖人血馒头；从死人身上剥衣物、以打革命党为乐的牢头________，丑恶至极。

4.“这大清的天下是我们大家的。”说这句话的人是________。

5.《明天》写了寡妇单四嫂子为治好儿子的病使尽浑身解数：________、________、________，到最后一个“压轴法子”——________，但宝儿依旧没有摆脱死亡的命运。

6.《头发的故事》叙述了在________问题上所经历的种种磨难和斗争，表现了中国社会改革的艰难。________是亲身经历过辛亥革命的一个民主主义者，作品通过他的回顾和思考，把尚未完成的思想启蒙这一重要问题向社会提了出来。

7.《风波》的结尾写七斤________，而六斤________。说明“辫子风波”过后，农村现实依旧，从而启发人们，如果________，就无法改变农民的悲剧命运。

8.《阿Q正传》第三章“续优胜记略”写了阿Q的三个生活片段。________

________，遭到“平生第一件的屈辱”；________，遭到“平生第二件的屈辱”；________，为自己的屈辱报仇。这三个片段，刻画了阿Q恃强凌弱的性格。

9.下列文学常识搭配有误的一项是（　　）

A.《兔和猫》——鲁迅——《野草》

B.《次北固山下》——王湾——《全唐诗》

C.《我的叔叔于勒》——莫泊桑——《羊脂球》

D.《杨修之死》——罗贯中——《三国演义》

10.下列关于文学常识的表述错误的是（　　）

A.《西游记》是明代作家吴承恩所作，与《三国演义》《水浒传》《红楼梦》并称为中国古典文学“四大名著”

B.美国著名作家马克·吐温的《汤姆·索亚历险记》塑造了一个生性顽皮，但心地善良、乐于助人的主人公形象

C.李白，唐代诗人，号称“诗仙”，其诗作《行路难》选自《李太白集》

D.鲁迅，现代著名作家，代表作有小说集《呐喊》，散文集《野草》

11.鲁迅在《呐喊》中塑造了一群因循守旧的旧知识分子形象，以下不属于这一形象的是（　　）

A.孔乙己　　B.方玄绰　　C.夏瑜　　D.陈士成

12.麻子阿四、豆腐西施、驼背五少爷、何小仙分别出自鲁迅《呐喊》中的哪篇作品？（　　）

A.《风波》《故乡》《药》《明天》　B.《白光》《社戏》《风波》《药》

C.《风波》《社戏》《孔乙己》《药》　D.《药》《故乡》《风波》《明天》

13.关于《阿Q正传》的描述，不正确的一项是（　　）

A.《阿Q正传》运用了幻觉、梦境来揭示人物的内心活动，刻画了人物的性格

B.阿Q的“精神胜利法”是当时中国社会底层劳动人民普遍具有的性格特征，

它是在统治者的压迫下而形成的，在今天这种性格已经不存在了

C.鲁迅先生塑造阿Q这个形象的意图就是要画这样的国民的魂灵来，是想暴露国民的弱点，以引起疗救的注意

D.恃强凌弱、精神胜利法、善于投机、夸大狂与自尊癖都属于《阿Q正传》所影射的中国民族劣根性的内容

评析鉴赏题

14.请简析鲁迅作品《药》的主题。

15.“善于投机”是《阿Q正传》所影射的中国民族的劣根性之一，请结合《阿Q正传》分析这一现象。

16.《端午节》里的方玄绰表里不一的虚伪相，被作者刻画得惟妙惟肖。请举例说明并作简析。

17.《呐喊》中是如何揭露封建社会“吃人”的本质的？试举例说明。

阅读理解题

18.阅读下面的文字，回答问题。

中秋过后，秋风是一天凉比一天，看看将近初冬；我整天的靠着火，也须穿上棉袄了。一天的下半天，没有一个顾客，我正合了眼坐着。

忽然间听得一个声音，“温一碗酒。”这声音虽然极低，却很耳熟。看时又全没有人。站起来向外一望，那孔乙己便在柜台下对了门槛坐着。

他脸上黑而且瘦，已经不成样子；穿一件破夹袄，盘着两腿，下面垫一个蒲包，用草绳在肩上挂住；见了我，又说道，“温一碗酒。”掌柜也伸出头去，一面说，“孔乙己么？你还欠十九个钱呢！”孔乙己很颓唐的仰面答道，“这……下回还清罢。这一回是现钱，酒要好。”掌柜仍然同平常一样，笑着对他说，“孔乙己，你又偷了东西了！”但他这回却不十分分辩，单说了一句“不要取笑！”“取笑？要是不偷，怎么会打断腿？”孔乙己低声说道，“跌断，跌，跌……”他的眼色，很像恳求掌柜，不要再提。此时已经聚集了几个人，便和掌柜都笑了。我温了酒，端出去，放在门槛上。他从破衣袋里摸出四文大钱，放在我手里，见他满手是泥，原来他便用这手走来的。不一会，他喝完酒，便又在旁人的说笑声中，坐着用这手慢慢走去了。

自此以后，又长久没有看见孔乙己。到了年关，掌柜取下粉板说，“孔乙己还欠十九个钱呢！”到第二年的端午，又说“孔乙己还欠十九个钱呢！”到中秋可是没有说，再到年关也没有看见他。

我到现在终于没有见——大约孔乙己的确死了。

——选自鲁迅《孔乙己》

（1）指出下列各句运用的描写方法。

①中秋过后，秋风是一天凉比一天，看看将近初冬；（　　　　）

②“这……下回还清罢。这一回是现钱，酒要好。”（　　　　）

③他从破衣袋里摸出四文大钱，放在我手里，见他满手是泥，原来他便用这手走来的。（　　　　）

（2）画出本段中描写孔乙己肖像的句子，并分析其作用。

（3）联系全文，谈谈你对“笑声”的理解。

（4）“我到现在终于没有见——大约孔乙己的确死了。”对这句话理解准确的选项是（   ）

A.因为我没有见孔乙己再来，又没有见他死，所以只能估计

B.因为终于没有见，所以肯定孔乙己是死了

C.“大约”和“的确”说法矛盾，所以孔乙己生死难料

D.“大约”说的是人们对孔乙己的生死并不关心，持冷漠态度；“的确”说明被冷酷的封建制度吃掉是孔乙己悲惨命运的必然结果

拓展运用题

19.请从“孔乙己、狂人、阿Q”中挑选一个人物，仿照示例写读书心得。

【示例一】杨志，一个梁山泊的英雄，挥着一把朴刀在刀光剑影中搏杀，我从中读出了一个豪迈英雄的赤子之心。

【示例二】祥子，一个旧北京的人力车夫，拉着一辆黄包车在烈日和暴雨下四处奔跑，我从中读出了下层百姓生活的辛酸苦难。

20.请从下面四篇小说中任选一篇，通过简要介绍一个最值得你回味的细节（情节），来体现你对其中人物形象或作品中心的理解。

《明天》 《兔和猫》 《风波》 《阿Q正传》

·名著阅读模拟演练测试（一）·

参考答案

基础识记题

1.《孔乙己》《社戏》

2.狂人日记　头发的故事　白光　孔乙己　阿Q正传

3.药　狂人日记　明天　孔乙己

4.对比

5.辫子

6.五四　章运水

7.端午节　方玄绰

8.寓言　小动物兔和猫

9.双喜　阿发　六一公公

10.爱罗先珂

11.D

12.C

13.B

14.（1）×（2）×（3）√（4）√（5）×

15.

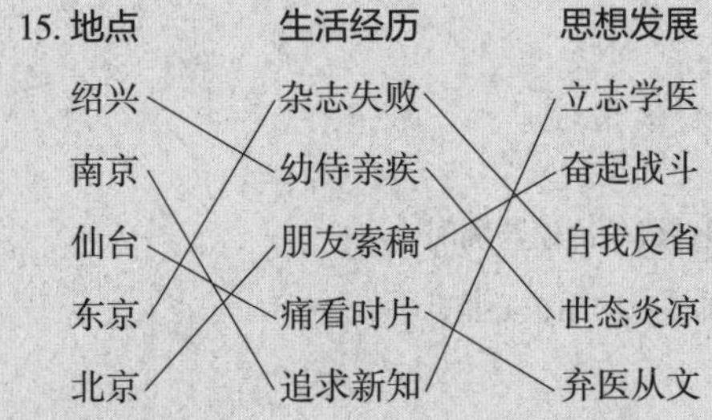

评析鉴赏题

16.帮闲在鲁迅的小说里是一个非常重要的群体，他们无处不在，像嗡嗡乱叫的苍蝇一样让人心烦，可偏偏又挥之不去。《药》中的“驼背五少爷”“花白胡子”，《阿Q正传》中“未庄的闲人们”，《明天》中的“红鼻子老拱”和“蓝皮阿五”等人，都是帮闲。帮闲既是帮凶，也是庸众，他们往往没什么主见，永远只是做他人的应声虫，有他们不多，没他们也不少。然而，就是这群帮闲，构成了一个表象——“压迫者”的随从众多。帮闲作为一个群体，具有相当大的黏滞性，且目标不明显，也不容易打击，鲁迅因此十分厌恶他们。对革命者而言，这群帮闲自然是具有伤害性的，可同时，革命者对他们也的确没有良好的解决办法。

17.“排”字表明孔乙己有钱付得起两碗酒和一碗茴香豆，生动地表现了穷困的孔乙己数钱时缓慢的动作神态，显示出他在短衣帮面前炫富的傲慢姿态，写出了孔乙己的虚荣和穷酸气。“摸”字体现出了孔乙己的吃力，可以看出孔乙己的经济地位每况愈下，穷困潦倒。一个“排”，一个“摸”，对比十分鲜明。

18.《药》结尾处瑜儿坟上凭空出现的花环；《明天》中没有说明单四嫂子究竟有没有做到看见儿子的梦。

19.作为一个受压迫者，阿Q可以说是有革命的潜在要求的，表现在辛亥革命高潮到来之时，他比较快地振奋起来，高喊“造反了，造反了”。但是阿Q的革命脱离不了他的愚昧无知，他的革命纲领就是拿点东西，“我要什么就是什么”；还有，阿Q敌我不分，他幻想革命成功后要杀赵太爷，连小D也要杀掉。这一切都十分真实地表现了自发的农民斗争的某些特点。

20.“白光”在结构上作为情节线索构建了全篇。“白光”一直在引诱着陈士成的思维和行动，直至他出城门，投水而死。此外，“白光”的象征意义正暗示了文章的主旨，疯人在精神恍惚的感觉中追寻着穷途末路中那一丝丝“白光”一样的希望，企图升官发财的欲望像“白光”一样引诱着追逐者为之疯狂，这就是作者所要抨击的罪恶的封建科举制度。

阅读理解题

21.（1）故乡　呐喊

（2）生活的艰辛

（3）B

（4）比喻　封建等级观念在闰土和“我”之间造成的冷漠与隔阂

22.（1）说明了小伙伴们敏捷的驾船技巧和去看社戏的愉快心情。

（2）欢喜　急切　陶醉

（3）“似乎”不能去掉。“似乎”表示好像，是人的主观感受，并不是真实的，如果去掉，语气就发生了变化。

拓展运用题

23.提示：想象合理即可。

24.示例：鲁迅——一部《呐喊》，一腔热血的呼唤，一股激烈的轰鸣。你喊出人权，反对压迫，你是当之无愧的伟大的文学家，革命的圣斗士！（提示：所写句子要和例句格式相同。）

·名著阅读模拟演练测试（二）·

参考答案

基础识记题

1.狂人日记

2.阿Q正传　故乡　风波　兔和猫　端午节

3.单四嫂子

4.短小精悍

5.《头发的故事》　七斤

6.杨二嫂　闰土　沉郁、悲凉、压抑

7.端午节　官员　政府的腐败

8.白光　陈士成

9.C

10.A

11.D

12.B

13.C

14.（1）×（2）×（3）√（4）×（5）√

评析鉴赏题

15.狂人的性格特点，其一是有才气和狂气。狂人具有十分清醒的头脑和科学的态度，他洞察到封建礼教的本质，“这历史没有年代，……每叶上都写着‘仁义道德’几个字。……满本都写着两个字是‘吃人’！”狂人性格的特点，其二是他充满了义勇和正气。早在20年前，狂人就把象征封建统治的“陈年流水簿子”踹了一脚。20年后，他又质问吃人者：“吃人的事，对么？”“从来如此，便对么？”狂人的性格特点，其三是充满理想和信念。他预言：将来是“容不得吃人的人”存在的社会。由此，我们可以看出，狂人在未狂之前，便是一位敢于同封建制度做斗争的战士，致狂之后，他那彻底的、不妥协的反封建精神则更加昂扬了。

16.从这句话可以看出，孔乙己其实是个可有可无的人，在咸亨酒店里他不过是人们的一个笑料。同时，这句话为下文他断腿后没有人同情反而被继续嘲笑这一情节做铺垫。

17.《药》在最后写夏瑜的坟上凭空添了一个花环，其实就是曲笔。《药》这篇小说既写了华、夏两家由于愚昧麻木而造成的家破人亡的悲剧，也写了革命者因没有发动群众而不被理解的悲哀。整部小说呈现出一种凄清、阴冷、压抑的色调，特别是结尾关于坟场环境的描写，更是给人以阴森之感。然而，夏瑜坟上那圈零星开着的青白小花，却成了文中鲜有的一抹亮色，暗示出流血牺牲的革命者后继有人，给人以希望和信心——夏瑜的同情者和后来者定能继承夏瑜的革命精神，美好的革命前途就在前方。

18.就艺术形式而言，《头发的故事》几乎是一个人的独白，夹叙夹议，声情并茂，若去掉头尾，去掉引号便纯然成了一篇杂文。显然，作者是借主人公N先生之口说出了自己的感受，但又使之与作者保持距离，以增强小说的故事性效果。如此一来，人物的语言也更加自由，更加富有个性。而N先生关于“本多博士”这一段议论，读来发人深省。那篇末的话，呼应了篇首的话题，更是余音绕梁，令人倍觉警策。

19.七斤是《风波》中的一个主要人物，他的辫子在进城的时候被人剪掉了，因此成为人们议论的中心。他因“见过些世面”被人尊敬，也因知道皇帝坐龙庭后而丧气。总之，七斤是一个麻木胆怯、愚昧鄙俗、毫无觉悟的农民。作者正是通过这个形象，揭示了当时的社会矛盾——农民生活极其悲惨，却愚昧麻木，从而提出了一个重大的社会问题——农民问题——以引起疗救者的注意。

阅读理解题

20.（1）隔绝　隔膜

（2）“辛苦展转”：意思是像“我”那样异地谋生，到处奔波，生活不安定。“辛苦麻木”：意思是像闰土那样在社会的重压下贫困艰辛，精神萎靡而麻木。“辛苦恣睢”：意思是像杨二嫂那样因生活每况愈下而蝇营狗苟、挖空心思地生活。

（3）“我”害怕希望不能实现。

（4）B

（5）《故乡》这一题目不仅交待了事件发生和发展的具体地点，也为人物活动提供了特定的场所和环境。此外，记忆中的故乡及人物与眼前的故乡及人物发生了巨大变化，更能启发读者思考其深刻的历史根源和社会根源。

拓展运用题

21.提示：注意结合鲁迅的《呐喊·自序》，言之有理即可。

·名著阅读模拟演练测试（三）·

参考答案

基础识记题

1.鲁迅　《朝花夕拾》　《彷徨》　《华盖集》

2.知识分子　封建礼教　封建传统吃人

3.康大叔　红眼睛阿义

4.夏瑜

5.求神　许愿　吃单方　寄望于何小仙

6.“剪辫子”　N先生

7.依然受到人们的尊敬　裹起了小脚　不唤醒群众

8.竟然败在王胡手下　挨了“假洋鬼子”的“哭丧棒”　调戏小尼姑

9.A

10.D

11.C

12.A

13.B

评析鉴赏题

14.由于深受封建统治阶级的压迫和麻痹，中国人民陷入极其愚昧和无知的境地。若说华老栓是因封建迷信而造成儿子死亡的悲剧，革命者夏瑜的遭遇则是一个更大的悲剧。夏瑜因反对黑暗的统治阶级而革命，他也深深地同情人民群众落后的状态，可是人们不但不理解他，反而骂他“发疯”。夏瑜的流血牺牲，在人们的眼中是那么微不足道，他的血反倒成为治病的药，这是多么可悲的无知和麻木！这反映了尚未觉醒的群众与革命先驱者之间存在着可悲的隔阂。小说以这样的两个悲剧，挖掘出资产阶级旧民主主义革命的深刻的历史教训，揭示出民主革命必须要发动群众这一重大问题。这便是《药》的主题。

15.阿Q本是痛恨革命的，等到辛亥革命大潮流震荡到未庄，见赵太爷父子都盘起辫子赞成革命，阿Q又眼热得不行，也想做革命党。但阿Q对于革命的意义是丝毫不了解的，他革命的目的，只是为了他个人的利益。所以在被假洋鬼子拒斥后，阿Q就想到衙门里告他谋反的罪名，好让他满门抄斩。可以说，善于投机是中国民族劣根性之一，每次革命起来，最先附和的总是那些从前反革命最出力的人，而后来的革命事业也便逐渐腐化于这些病菌滋生之中。

16.方玄绰自私自利，故作清高，他的“差不多”说挟带私心，但偏要冠以忧国的名目：他认为索薪欠斟酌，太嚷嚷，因此便不加入“索薪”行列，而一旦经济拮据，他也赞同索薪了；他口头上责备太太提出的买彩票“无教育”，但对“头彩几万元”的广告也动了心，方玄绰表里不一的虚伪相，被作者刻画得惟妙惟肖。作者成功地通过对方玄绰的内心描写，以及他与方太太的对话来刻画人物性格，把这个可怜又可恶的小官僚塑造得栩栩如生。

17.在《呐喊》中，随处可见的便是封建秩序、封建礼教、封建迷信在“吃人”。《狂人日记》中的“狂人”处在“古久先生”（两千多年封建统治经历的代表者）、赵贵翁（封建势力的现实代表）和大哥（封建势力对“狂人”的直接加害者）联合组成的巨网的包围之中，这幅封建势力杀人、吃人、扼杀人性的画面，赤裸裸地演化为一场触目惊心的“人肉的筵宴”。孔乙己、华老栓一家、单四嫂子母子、七斤夫妇、闰土、阿Q、陈士成……陆续被“吃”，他们的精神在扭曲，肉体也都在死亡。总而言之，《呐喊》最突出的主题就是揭露封建社会“吃人”现象，抨击封建社会“吃人”思想，而《狂人日记》更是以象征的手法明确地昭示了当时鲁迅引为自豪的惊人发现：“中国人尚是食人民族。”

阅读理解题

18.（1）①环境描写　②语言描写　③动作描写

（2）他脸上黑而且瘦，已经不成样子；穿一件破夹袄，盘着两腿，下面垫一个蒲包，用草绳在肩上挂住　这段肖像描写表现出孔乙己被折磨、摧残的严重程度，表现了作者对孔乙己的同情、关切，对丁举人的愤怒、谴责。

（3）在《孔乙己》中，作者以“笑声”反映了掌柜和看客们的冷漠。纵观全文，“笑声”一以贯之，它和孔乙己的悲惨命运形成了鲜明的对比，作者借此深刻地揭露了封建社会的黑暗与冷酷，批判了群众的麻木。

（4）D

拓展运用题

19.示例：孔乙己，一个旧社会的读书人，摇晃着脑袋在酒馆里数着茴香豆喝酒，我从中读出了科举制度下的知识分子的迂腐与自命清高。

示例：狂人，一个封建家庭的迫害狂患者，瞪着怀疑的眼光打量着周围人的交头接耳，我从中读出了封建礼教令人震惊的“吃人”的本质。

示例：阿Q，一个未庄身份低下的农民，愤愤地在土谷祠里以儿子打老子来安慰自己，我从中读出了自我欺骗、以丑为荣的国民劣根性。

20.合理选择，结合正文，言之有理即可。

阅读周计划

时间	阅读计划	
第一周	阅读内容	(　　　)—(　　　)页
	精彩篇目及段落	
	阅读感悟	
第二周	阅读内容	(　　　)—(　　　)页
	精彩篇目及段落	
	阅读感悟	

时间	阅读计划	
第三周	阅读内容	(　　　　)—(　　　　)页
	精彩篇目及段落	
	阅读感悟	
第四周	回顾总结	

响，颇震得手腕痛，锄尖碰着什么坚硬的东西了；他急忙抛下锄头，摸索着看时，一块大方砖在下面。他的心抖得很利害，聚精会神的挖起那方砖来，下面也满是先前一样的黑土，爬松了许多土，下面似乎还无穷。但忽而又触着坚硬的小东西了，圆的，大约是一个锈铜钱；此外也还有几片破碎的磁片。

陈士成心里仿佛觉得空虚了，浑身流汗，急躁的只爬搔；这其间，心在空中一抖动，又触着一种古怪的小东西了，这似乎约略有些马掌形的，但触手很松脆。他又聚精会神的挖起那东西来，谨慎的撮着，就灯光下仔细的看时，那东西斑斑剥剥的像是烂骨头，上面还带着一排零落不全的牙齿。他已经悟到这许是下巴骨了，而那下巴骨也便在他手里索索的动弹起来，而且笑吟吟的显出笑影，终于听得他开口道：

"这回又完了！"

他栗然的发了大冷，同时也放了手，下巴骨轻飘飘的回到坑底里不多久，他也就逃到院子里了。他偷看房里面，灯火如此辉煌，下巴骨如此嘲笑，异乎寻常的怕人，便再不敢向那边看。他躲在远处的檐下的阴影里，觉得较为平安了；但在这平安中，忽而耳朵边又听得窃窃的低声说：

"这里没有……到山里去……"

陈士成似乎记得白天在街上也曾听得有人说这种话，他不待再听完，已经恍然大悟了。他突然仰面向天，月亮已向西高峰这方面隐去，远想离城三十五里的西高峰正在眼前，朝笏一般黑魆魆的挺立着，周围便放出浩大闪烁的白光来。

而且这白光又远远的就在前面了。

"是的，到山里去！"

他决定的想，惨然的奔出去了。几回的开门声之后，门里面便再不闻一些声息。灯火结了大灯花照着空屋和坑洞，毕毕剥剥的炸了几声之后，便渐渐的缩小以至于无有，那是残油已经烧尽了。

"开城门来~~~"

含着大希望的恐怖的悲声，游丝似的在西关门前的黎明中，战战兢兢的叫喊。

第二天的日中，有人在离西门十五里的万流湖里看见一个浮尸，当即传扬开去，终于传到地保的耳朵里了，便叫乡下人捞将上来。那是一个男尸，五十多岁，"身中面白无须"，浑身也没有什么衣裤。或者说这就是陈士成。但邻居懒得去看，也并无尸亲认领，于是经县委员相验之后，便由地保抬埋了。至于死因，那当然是没有问题的，剥取死尸的衣服本来是常有的事，够不上疑心到谋害去；而且仵作也证明是生前的落水，因为他确凿曾在水底里挣命，所以十个指甲里都满嵌着河底泥。

一九二二年六月。

名师/赏析 Learning

有这样一个迷信的传说，据说，当某个地方埋藏着金银珠宝的时候，它的上方有时就会浮现出白光。本文的题目便与这个传说有关，但作者鲁迅又赋予了这白光更深刻的象征意义。

在本文中，白光多次出现，但大都存在于陈士成的想象或者幻觉里，它见证了主人公由悲怨逐渐转化为疯狂的过程，揭示了封建科举制度下旧式知识分子们悲哀的命运。在陈士成的眼中，白光不仅仅是财富的象征，更承载了他对功名利禄的渴望，所以他才会觉得高峰如“朝笏一般黑魆魆的挺立着，周围便放出浩大闪烁的白光来”，但幻象终究会像肥皂泡一般破灭，陈士成最终也只能投湖自尽，成为科举制度的牺牲品。

延伸/思考 Thinking

1.文中的白光象征着什么？

2.请概括陈士成的性格特征，说说他的悲剧是谁造成的。

知识/拓展 Studying

八股取士

八股取士是明清两朝通过考试的方式来选拔官吏的一种科举制度，基本分为童试、乡试、会试、殿试四级。所谓的八股就是八股文，这是明清所规定的文章的格式，又叫时文、制义、制艺、八比文。八股文必须由破题、承题、起讲、入题、起股、中股、后股、束股这八个部分组成，每部分的字数、句型也都有非常严格的要求。八股文的题目多出自“四书五经”，考生要代圣人立言，传达圣人思想，不能发挥个人见解，具有很大的局限性。八股取士没什么实用，却严重束缚了人们的思想和才华，弊端甚大。直到光绪三十一年（1905），八股取士的制度才被废除。

兔和猫

名师/导读 Reading

《兔和猫》是一则颇具童话色彩的小说，它截取了市民院落中可爱的兔被狡猾的猫吃掉这一生活片段，鲜明地表达了作者的爱憎和对生命的思考。全文虽文笔清浅，童趣盎然，但仍秉承了鲁迅一贯对社会、对人生的真实认知，看似写物，实则是在展现当时弱肉强食、"吃人者"与"被吃者"矛盾不断的残酷社会现实，为世人敲响警钟。

住在我们后进院子里的三太太，在夏间买了一对白兔，是给伊的孩子们看的。

这一对白兔，似乎离娘并不久，虽然是异类，也可以看出他们的天真烂熳来。但也竖直了小小的通红的长耳朵，动着鼻子，眼睛里颇现些惊疑的神色，大约究竟觉得人地生疏，没有在老家时候的安心了。这种东西，倘到庙会日期自己出去买，每个至多不过两吊钱，而三太太却花了一元，因为是叫小使上店买来的。

孩子们自然大得意了，嚷着围住了看；大人也都围着看；还有一匹小狗名叫S的也跑来，闯过去一嗅，打了一个喷嚏，退了几步。三太太吆喝道，"S，听着，不准你咬他！"于是在他头上打了一拳，S便退开了，从此并不咬。

这一对兔总是关在后窗后面的小院子里的时候多，听说是因为太喜欢撕壁纸，也常常啃木器脚。这小院子里有一株野桑树，桑子落地，他们最爱吃，便连喂他们的菠菜也不吃了。乌鸦喜鹊想要下来时，他们便躬着身子用后脚在地上使劲的一弹，砉的一声直跳上来，像飞起了一团雪，鸦鹊吓得赶紧走，这样的几回，再也不敢近来了。三太太说，鸦鹊倒不打紧，至多也不过抢吃一点食料，可恶的是一匹大黑猫，常在矮墙上恶狠狠的看，这却要防的，幸而S和猫是对头，或者还不至于有什么罢。

孩子们时时捉他们来玩耍；他们很和气，竖起耳朵，动着鼻子，驯良的站在小手的圈子里，但一有空，却也就溜开去了。他们夜里的卧榻是一个小木箱，里面铺些稻草，就在后窗的房檐下。

这样的几个月之后，他们忽而自己掘土了，掘得非常快，前脚一抓，后脚一踢，不到半天，已经掘成一个深洞。大家都奇怪，后来仔细看时，原来一个的肚子比别一个的大得多了。他们第二天便将干草和树叶衔进洞里去，忙了大半天。

大家都高兴，说又有小兔可看了；三太太便对孩子们下了戒严令，从此不许再去捉。我的母亲也很喜欢他们家族的繁荣，还说待生下来的离了乳，也要去讨两匹来养在自己的窗外面。他们从此便住在自造的洞府里，有时也出来吃些食，后来不见了，可不知道他们是预先运粮存在里面呢还是竟不吃。过了十多天，三太太对我说，那两匹又出来了，大约小兔是生下来又都死掉了，因为雌的一匹的奶非常多，却并不见有进去哺养孩子的形迹。伊言语之间颇气愤，然而也没有法。

有一天，太阳很温暖，也没有风，树叶都不动，我忽听得许多人在那里笑，寻声看时，却见许多人都靠着三太太的后窗看：原来有一个小兔，在院子里跳跃了。这比他的父母买来的时候还小得远，但也已经能用后脚一弹地，迸跳起来了。孩子们争着告诉我说，还看见一个小兔到洞口来探一探头，但是即刻缩回去了，那该是他的弟弟罢。

那小的也检些草叶吃，然而大的似乎不许他，往往夹口的抢去了，而自己并不吃。孩子们笑得响，那小的终于吃惊了，便跳着钻进洞里去；大的也跟到洞门口，用前脚推着他的孩子的脊梁，推进之后，又爬开泥土来封了洞。

从此小院子里更热闹，窗口也时时有人窥探了。

然而竟又全不见了那小的和大的。这时是连日的阴天，三太太又虑到遭了那大黑猫的毒手的事去。我说不然，那是天气冷，当然都躲着，太阳一出，一定出来的。

太阳出来了，他们却都不见。于是大家就忘却了。

惟有三太太是常在那里喂他们菠菜的，所以常想到。伊有一回走进窗后的小院子去，忽然在墙角上发见了一个别的洞，再看旧洞口，却依稀的还见有许多爪痕。这爪痕倘说是大兔的，爪该不会有这样大，伊又疑心到那常在墙上的大黑猫去了，伊于是也就不能不定下发掘的决心了。伊终于出来取了锄子，一路掘下去，虽然疑心，却也希望着意外的见了小白兔的，但是待到底，却只见一堆烂草夹些兔毛，怕还是临蓐时候所铺的罢，此外是冷清清的，全没有什么雪白的小兔的踪迹，以及他那只一探头未出洞外的弟弟了。1

气愤和失望和凄凉，使伊不能不再掘那墙角上的新洞了。一动手，那大的两匹便先窜出洞外面。伊以为他们搬了家了，很高兴，然而仍然掘，待见底，那里面也铺着草叶和兔毛，而上面却睡着七个很小的兔，遍身肉红色，细看时，眼睛全都没有开。

一切都明白了，三太太先前的预料果不错。伊为预防危险起见，便将七个小的都装在木箱中，搬进自己的房里，又将大的也捺进箱里面，勒令伊去哺乳。

三太太从此不但深恨黑猫，而且颇不以大兔为然了。据说当初那两个被害之先，死掉的该还有，因为他们生一回，决不至于只两个，但为了哺乳不匀，不能争食的就先死了。这大概也不错的，现在七个之中，就有两个很瘦弱。所以三太太一有闲空，便捉住母兔，将小兔一个一个轮流的摆在肚子上来喝奶，不准有多少。

母亲对我说，那样麻烦的养兔法，伊历来连听也未曾听到过，恐怕是可以收入《无双谱》①的。

白兔的家族更繁荣；大家也又都高兴了。

但自此之后，我总觉得凄凉。夜半在灯下坐着想，那两条小性命，竟是人不知鬼不觉的早在不知什么时候丧失了，生物史上不着一些痕迹，并S也不叫一声。我于是记起旧事来，先前我住在会馆里，清早起身，只见大槐树下一片散乱的鸽子毛，这明明是膏于鹰吻的了，上午长班来一打扫，便什么都不见，谁知道曾有一个生命断送在这里呢？我又曾路过西四牌楼，看见一匹小狗被马车轧得快死，待回来时，什么也不见了，搬掉了罢，过往行人憧憧的走着，谁知道曾有一个生命断送在这里呢？夏夜，窗外面，常听到苍蝇的悠长的吱吱的叫声，这一定是给蝇虎咬住了，然而我向来无所容心于其间，而别人并且不听到……2

假使造物也可以责备，那么，我以为他实在将生命造得太滥，毁得太滥了。3

①《无双谱》：清朝绍兴人金古良所编绘的图册，其中收录了从汉朝到宋朝40个举世无双的人物画像，并各题诗一首。此处借《无双谱》来表示独一无二。

名师批注

1三太太对小兔一家的关爱体现了她对弱小者的同情以及对恃强凌弱者的憎恶。

名师批注

2作者由小白兔惨死在大黑猫爪下，联想到膏于鹰吻的鸽子、被马车轧死的小狗、丧命于蝇虎口中的苍蝇，这些在不知不觉中断送性命的弱小者深深地触动了作者的情感，引发了他深广的忧愤。

名师批注

3这句话体现了作者伟大的人道主义精神，表达了作者对生命无限博大的爱和对任意践踏生命者的深深的谴责。

嗥的一声，又是两条猫在窗外打起架来。

“迅儿！你又在那里打猫了？”

“不，他们自己咬。他那里会给我打呢。”

我的母亲是素来很不以我的虐待猫为然的，现在大约疑心我要替小兔抱不平，下什么辣手，便起来探问了。而我在全家的口碑上，却的确算一个猫敌。我曾经害过猫，平时也常打猫，尤其是在他们配合的时候。但我之所以打的原因并非因为他们配合，是因为他们嚷，嚷到使我睡不着，我以为配合是不必这样大嚷而特嚷的。

况且黑猫害了小兔，我更是“师出有名”的了。我觉得母亲实在太修善，于是不由的就说出模棱的近乎不以为然的答话来。

造物太胡闹，我不能不反抗他了，虽然也许是倒是帮他的忙……

那黑猫是不能久在矮墙上高视阔步的了，我决定的想，于是又不由的一瞥那藏在书箱里的一瓶青酸钾。

一九二二年十月。

名师/赏析 Learning

与《呐喊》中的其他小说相比，《兔和猫》读起来更像一篇清浅淡雅的散文，尤其是文章前半部分所流露出来的童趣与温馨，更是很难与鲁迅小说中一贯的犀利尖锐联系起来。但是如果你细细品味，便会发现本文的内蕴并不如表面看起来这般清浅淡雅，似乎总有一种压抑的情感正欲喷薄而出。终于，在作者由小白兔的惨死联想到膏于鹰吻的鸽子、被马车轧死的小狗、丧命于蝇虎口中的苍蝇时，那一道激愤的控诉爆发了出来：“假使造物也可以责备，那么，我以为他实在将生命造得太滥，毁得太滥了。”自此，我们才真正明了，作者对兔和猫的描写不过是运用了象征的手法，他是想借此表现人类与自然界的弱肉强食，并以此表达他对生命的珍爱以及对任意践踏生命者的深深谴责。

延伸/思考 Thinking

文中的“兔”和“猫”分别象征了什么？

鸭的喜剧

名师/导读 Reading

《鸭的喜剧》别具一格，是一篇类似散文的小说。在这篇名为《鸭的喜剧》的小说中，作者却亲自将这“喜剧”撕碎了。他从爱罗先珂“寂寞”的感受出发，暗示出当时社会的阴沉；以爱罗先珂因寂寞而养鸭的来龙去脉为主线，直指当时弱肉强食的社会境况，令人深思不已。全文以隽永的温情来书写冷酷的社会，以“喜”来言“悲”，可谓微言大义。

俄国的盲诗人爱罗先珂君带了他那六弦琴到北京之后不多久，便向我诉苦说：

“寂寞呀，寂寞呀，在沙漠上似的寂寞呀！”

这应该是真实的，但在我却未曾感得；我住得久了，“入芝兰之室，久而不闻其香”，只以为很是嚷嚷罢了。然而我之所谓嚷嚷，或者也就是他之所谓寂寞罢。

我可是觉得在北京仿佛没有春和秋。老于北京的人说，地气北转了，这里在先是没有这么和暖。只是我总以为没有春和秋；冬末和夏初衔接起来，夏才去，冬又开始了。

一日就是这冬末夏初的时候，而且是夜间，我偶而得了闲暇，去访问爱罗先珂君。他一向寓在仲密君的家里；这时一家的人都睡了觉了，天下很安静。他独自靠在自己的卧榻上，很高的眉棱在金黄色的长发之间微蹙了，是在想他旧游之地的缅甸，缅甸的夏夜。

“这样的夜间，”他说，“在缅甸是遍地是音乐。房里，草间，树上，都有昆虫吟叫，各种声音，成为合奏，很神奇。其间时时夹着蛇鸣：‘嘶嘶！’可是也与虫声相和协……”他沉思了，似乎想要追想起那时的情景来。

我开不得口。这样奇妙的音乐，我在北京确乎未曾听到过，所以即使如何爱国，也辩护不得，因为他虽然目无所见，耳朵是没有聋的。

“北京却连蛙鸣也没有……”他又叹息说。

“蛙鸣是有的！”这叹息，却使我勇猛起来了，于是抗议说，“到夏天，大雨之后，你便能听到许多虾蟆叫，那是都在沟里面的，因为北京到处都有沟。”

“哦……”

过了几天，我的话居然证实了，因为爱罗先珂君已经买到了十几个科斗子。他买来便放在他窗外的院子中央的小池里。那池的长有三尺，宽有二尺，是仲密所掘，以种荷花的荷池。从这荷池里，虽然从来没有见过养出半朵荷花来，然而养虾蟆却实在是一个极合式的处所。

科斗成群结队的在水里面游泳；爱罗先珂君也常常踱来访他们。有时候，孩子告诉他说，“爱罗先珂先生，他们生了脚了。”他便高兴的微笑道，“哦！”

然而养成池沼的音乐家却只是爱罗先珂君的一件事。他是向来主张自食其力的，常说女人可以畜牧，男人就应该种田。所以遇到很熟的友人，他便要劝诱他就在院子里种白菜；也屡次对仲密夫人劝告，劝伊养蜂，养鸡，养猪，养牛，养骆驼。后来仲密家里果然有了许多小鸡，满院飞跑，啄完了铺地锦的嫩叶，大约也许就是这劝告的结果了。

从此卖小鸡的乡下人也时常来，来一回便买几只，因为小鸡是容易积食，发痧，很难得长寿的；而且有一匹还成了爱罗先珂君在北京所作唯一的小说《小鸡的悲剧》里的主人公。有一天的上午，那乡下人竟意外的带了小鸭来了，咻咻的叫着；但是仲密夫人说不要。爱罗先珂君也跑出来，他们就放一个在他两手里，而小鸭便在他两手里咻咻的叫。他以为这也很可爱，于是又不能不买了，一共买了四个，每个八十文。

小鸭也诚然是可爱，遍身松花黄，放在地上，便蹒跚的走，互相招呼，总是在一处。大家都说好，明天去买泥鳅来喂他们罢。爱罗先珂君说，“这钱也可以归我出的。”

他于是教书去了；大家也走散。不一会，仲密夫人拿冷饭来喂他们时，在远处已听得泼水的声音，跑到一看，原来那四个小鸭都在荷池里洗澡了，而且还翻筋斗，吃东西呢。等到拦他们上了岸，全池已经是浑水，过了半天，澄清了，只见泥里露出几条细藕来；而且再也寻不出一个已经生了脚的科斗了。

“伊和希珂先，没有了，虾蟆的儿子。”傍晚时候，孩子们一见他回来，最小的一个便赶紧说。

“唔，虾蟆？”

仲密夫人也出来了，报告了小鸭吃完科斗的故事。

“唉，唉！……”他说。

待到小鸭褪了黄毛，爱罗先珂君却忽而渴念着他的“俄罗斯母亲”了，便匆匆的向赤塔去。

待到四处蛙鸣的时候，小鸭也已经长成，两个白的，两个花的，而且不复咻咻的叫，都是“鸭鸭”的叫了。荷花池也早已容不下他们盘桓了，幸而仲密的住家的地势是很低的，夏雨一降，院子里满积了水，他们便欣欣然，游水，钻水，拍翅子，“鸭鸭”的叫。

现在又从夏末交了冬初，而爱罗先珂君还是绝无消息，不知道究竟在那里了。

只有四个鸭，却还在沙漠上“鸭鸭”的叫。

一九二二年十月。

名师/赏析 Learning

鲁迅先生曾与俄国盲诗人爱罗先珂在北京有过一段交往，本篇小说就是以此为素材写成的。小说中的主人公——爱罗先珂，对世界充满爱心。这是一种博大的爱，表现在：他爱所有充满活力的生命，当然也包括弱小的动物，但世界上的事并非尽如人意。小说表面描写鸭的喜剧，实质上写的是蝌蚪的悲剧。这种动物界的生存竞争、弱肉强食，折射出复杂的社会现象。鲁迅先生借此表达了一种深刻的思想，即：在人间，博爱难为，每个人都不可能做到无所不爱，而弱者唯有反抗强暴，才能保护自身。除了思想深刻，本篇小说的语言也独具特色。比如，作者把北京比喻成“沙漠”，写出了北京的安静、干燥；写到小鸭，虽寥寥几句，但灵活地表现出了小鸭的可爱。全文语言朴实、亲切，别有韵味，让我们欣赏到鲁迅先生的又一种文风。

延伸/思考 Thinking

鸭子将已经生了脚的蝌蚪吃掉，针对这一情节你有何感想？

社戏 [精读]

名师/导读 Reading

✳ 社戏是我国民间广泛流传的一种在社中进行的有关宗教、风俗的戏艺活动，在浙东一带的农村集镇尤为流行。从小在绍兴长大的鲁迅先生对社戏也有着一份特殊的感情，本文正是他以少年时代的生活经历为依据编写而成的。但是在这篇小说里，让他留恋万分的并不是社戏本身，而是那份在看社戏的过程中与农家小伙伴们结下的深厚友情，还有那段无忧无虑、自由自在的乡间生活。

我在倒数上去的二十年中，只看过两回中国戏，前十年是绝不看，因为没有看戏的意思和机会，那两回全在后十年，然而都没有看出什么来就走了。1

名师批注

1 开篇并未提及“社戏”，却回忆起两回看“中国戏”的经历，犹如抛砖引玉一般给读者留下了比较的空间，让人对后文的社戏更为期待。

第一回是民国元年我初到北京的时候，当时一个朋友对我说，北京戏最好，你不去见见世面么？我想，看戏是有味的，而况在北京呢。于是都兴致勃勃的跑到什么园，戏文已经开场了，在外面也早听到冬冬地响。我们挨进门，几个红的绿的在我的眼前一闪烁，便又看见戏台下满是许多头，再定神四面看，却见中间也还有几个空座，挤过去要坐时，又有人对我发议论，我因为耳朵已经嗡嗡的响着了，用了心，才听到他是说“有人，不行！”2

名师批注

2 此处从触觉、视觉和听觉的角度写出了戏园的热闹与熙攘。

我们退到后面，一个辫子很光的却来领我们到了侧面，指出一个地位来。这所谓地位者，原来是一条长凳，然而他那坐板比我的上腿要狭到四分之三，他的脚比我的下腿要长过三分之二。我先是没有爬上去的勇气，接着便联想到私刑拷打的刑具，不由的毛骨悚然的走出了。

走了许多路，忽听得我的朋友的声音道，“究竟怎的？”我回过脸去，原来他也被我带出来了。他很诧异的说，“怎么总是走，不答应？”我说，“朋友，对不起，我耳朵只在冬冬喤喤的响，并没有听到你的话。”

后来我每一想到，便很以为奇怪，似乎这戏太不好，——否则便是我近来在戏台下不适于生存了。

第二回忘记了那一年，总之是募集湖北水灾捐而谭叫天①还没有死。捐法是两元钱买一张戏票，可以到第一舞台去看戏，扮演的多是名角，其一就是小叫天。我买了一张票，本是对于劝募人聊以塞责的，然而似乎又有好事家乘机对我说了些叫天不可不看的大法要了。1我于是忘了前几年的冬冬喤喤之灾，竟到第一舞台去了，但大约一半也因为重价购来的宝票，总得使用了才舒服。我打听得叫天出台是迟的，而第一舞台却是新式构造，用不着争座位，便放了心，延宕到九点钟才出去，谁料照例，人都满了，连立足也难，我只得挤在远处的人丛中看一个老旦在台上唱。那老旦嘴边插着两个点火的纸捻子，旁边有一个鬼卒，我费尽思量，才疑心他或者是目连的母亲，因为后来又出来了一个和尚。然而我又不知道那名角是谁，就去问挤小在我的左边的一位胖绅士。他很看不起似的斜瞥了我一眼，说道，“龚云甫！”2我深愧浅陋而且粗疏，脸上一热，同时脑里也制出了决不再问的定章，于是看小旦唱，看花旦唱，看老生唱，看不知什么角色唱，看一大班人乱打，看两三个人互打，从九点多到十点，从十点到十一点，从十一点到十一点半，从十一点半到十二点，3——然而叫天竟还没有来。

我向来没有这样忍耐的等候过什么事物，而况这身边的胖绅士的吁吁的喘气，这台上的冬冬喤喤的敲打，红红绿绿的晃荡，加

名师批注

1交代“我”第二次看戏的原因，“聊以塞责”四个字更是写出了“我”对看戏的消极态度，为后文写看戏的痛苦感受埋下伏笔。

名师批注

2“斜瞥”一词形象地刻画出了胖绅士目中无人的神气姿态。

名师批注

3连用六个“看”和四个“从……到”，写出了“我”苦挨时间的无聊与烦闷。

①谭叫天：谭鑫培，又叫“小叫天”，是当时著名的京剧演员，擅长老生戏。

之以十二点，忽而使我省悟到在这里不适于生存了。我同时便机械的拧转身子，用力往外只一挤，觉得背后便已满满的，大约那弹性的胖绅士早在我的空处胖开了他的右半身了。我后无回路，自然挤而又挤，终于出了大门。街上除了专等看客的车辆之外，几乎没有什么行人了，大门口却还有十几个人昂着头看戏目，别有一堆人站着并不看什么，我想：他们大概是看散戏之后出来的女人们的，而叫天却还没有来……

然而夜气很清爽，真所谓“沁人心脾”，我在北京遇着这样的好空气，仿佛这是第一遭了。1

这一夜，就是我对于中国戏告了别的一夜，此后再没有想到他，即使偶而经过戏园，我们也漠不相关，精神上早已一在天之南一在地之北了。

但是前几天，我忽在无意之中看到一本日本文的书，可惜忘记了书名和著者，总之是关于中国戏的。其中有一篇，大意仿佛说，中国戏是大敲，大叫，大跳，使看客头昏脑眩，很不适于剧场，但若在野外散漫的所在，远远的看起来，也自有他的风致。我当时觉着这正是说了在我意中而未曾想到的话，因为我确记得在野外看过很好的好戏，到北京以后的连进两回戏园去，也许还是受了那时的影响哩。2可惜我不知道怎么一来，竟将书名忘却了。

至于我看那好戏的时候，却实在已经是“远哉遥遥”的了，其时恐怕我还不过十一二岁。我们鲁镇的习惯，本来是凡有出嫁的女儿，倘自己还未当家，夏间便大抵回到母家去消夏。3那时我的祖母虽然还康健，但母亲也已分担了些家务，所以夏期便不能多日的归省了，只得在扫墓完毕之后，抽空去住几天，这时我便每年跟了我的母亲住在外祖母的家里。那地方叫平桥村，是一个离海边不远，极偏僻的，临河的小村庄；住户不满三十家，都种田，打鱼，只有一家很小的杂货店。但在我是乐土：因为我在这里不但得到优待，又可以免念“秩秩斯干幽幽南山”了。4

和我一同玩的是许多小朋友，因为有了远客，他们也都从父母那里得了减少工作的许可，伴我来游戏。在小村里，一家的客，几乎也就是公共的。我们年纪都相仿，但论起行辈来，却至少是叔

名师批注

1戏园外“沁人心脾”的空气反衬了戏园内嘈杂、混乱、沉闷的环境。

名师批注

2此处通过一篇日本文章对中国戏的评价，自然地引出“我”的记忆中与戏园内的中国戏截然不同的“好戏”。

名师批注

3说到好戏却不详述，反而又说起了陪母亲归省的经历，意在突出人物活动的环境，既吊足了读者的胃口，也为下文详写“看戏”做好了铺垫。

名师批注

4“秩秩斯干幽幽南山”出自《诗经·小雅·斯干》，在这里代指教科书的枯燥乏味，反衬出“我”对这片“乐土”的喜爱与向往。

子，有几个还是太公，因为他们合村都同姓，是本家。然而我们是朋友，即使偶而吵闹起来，打了太公，一村的老老小小，也决没有一个会想出“犯上”这两个字来，而他们也百分之九十九不识字。1

我们每天的事情大概是掘蚯蚓，掘来穿在铜丝做的小钩上，伏在河沿上去钓虾。虾是水世界里的呆子，决不惮用了自己的两个钳捧着钩尖送到嘴里去的，所以不半天便可以钓到一大碗。这虾照例是归我吃的。其次便是一同去放牛，但或者因为高等动物了的缘故罢，黄牛水牛都欺生，敢于欺侮我，因此我也总不敢走近身，只好远远地跟着，站着。这时候，小朋友们便不再原谅我会读“秩秩斯干”，却全都嘲笑起来了。2

至于我在那里所第一盼望的，却在到赵庄去看戏。赵庄是离平桥村五里的较大的村庄；平桥村太小，自己演不起戏，每年总付给赵庄多少钱，算作合做的。

当时我并不想到他们为什么年年要演戏。现在想，那或者是春赛，是社戏了。

就在我十一二岁时候的这一年，这日期也看看等到了。不料这一年真可惜，在早上就叫不到船。平桥村只有一只早出晚归的航船是大船，决没有留用的道理。其余的都是小船，不合用；央人到邻村去问，也没有，早都给别人定下了。外祖母很气恼，怪家里的人不早定，絮叨起来。母亲便宽慰伊，说我们鲁镇的戏比小村里的好得多，一年看几回，今天就算了。只有我急得要哭，母亲却竭力的嘱咐我，说万不能装模装样，怕又招外祖母生气，又不准和别人一同去，说是怕外祖母要担心。3

总之，是完了。到下午，我的朋友都去了，戏已经开场了，我似乎听到锣鼓的声音，而且知道他们在戏台下买豆浆喝。

这一天我不钓虾，东西也少吃。母亲很为难，没有法子想。到晚饭时候，外祖母也终于觉察了，并且说我应当不高兴，他们太怠慢，是待客的礼数里从来所没有的。吃饭之后，看过戏的少年们也都聚拢来了，高高兴兴的来讲戏。只有我不开口；他们都叹息而且表同情。忽然间，一个最聪明的双喜大悟似的提议了，他说，“大船？八叔的航船不是回来了么？”十几个别的少年也大悟，立

名师批注

1这段话表现了平桥村淳朴、善良和好客的民情风俗。特别是小伙伴之间没有等级制度，是平等的，更是民风淳朴的表现，说明此地未被封建礼教污染，是一片净土。

名师批注

2“放牛”的细节写出了“我”与小伙伴们相处的快乐，突出了乡村淳朴愉悦的生活气息。这里的“嘲笑”是善意的笑，流露出的是孩童间天真的友谊。

名师批注

3这段话写出了“我”在看戏前遇到的三次波折：一是早上就叫不到船；二是央人到邻村去问，也没有；三是母亲不准“我”和别人一同去。一波三折，极力渲染出“我”盼望看社戏的急切心情。

刻撺掇起来，说可以坐了这航船和我一同去。我高兴了。然而外祖母又怕都是孩子们，不可靠；母亲又说是若叫大人一同去，他们白天全有工作，要他熬夜，是不合情理的。在这迟疑之中，双喜可又看出底细来了，便又大声的说道，“我写包票！船又大；迅哥儿向来不乱跑；我们又都是识水性的！”

诚然！这十多个少年，委实没有一个不会凫水的，而且两三个还是弄潮的好手。

外祖母和母亲也相信，便不再驳回，都微笑了。我们立刻一哄的出了门。

我的很重的心忽而轻松了，身体也似乎舒展到说不出的大。一出门，便望见月下的平桥内泊着一只白篷的航船，大家跳下船，双喜拔前篙，阿发拔后篙，年幼的都陪我坐在舱中，较大的聚在船尾。母亲送出来吩咐“要小心”的时候，我们已经点开船，在桥石上一磕，退后几尺，即又上前出了桥。1于是架起两支橹，一支两人，一里一换，有说笑的，有嚷的，夹着潺潺的船头激水的声音，在左右都是碧绿的豆麦田地的河流中，飞一般径向赵庄前进了。

两岸的豆麦和河底的水草所发散出来的清香，夹杂在水气中扑面的吹来；月色便朦胧在这水气里。淡黑的起伏的连山，仿佛是踊跃的铁的兽脊似的，都远远地向船尾跑去了，但我却还以为船慢。2他们换了四回手，渐望见依稀的赵庄，而且似乎听到歌吹了，还有几点火，料想便是戏台，但或者也许是渔火。

那声音大概是横笛，宛转，悠扬，使我的心也沉静，然而又自失起来，觉得要和他弥散在含着豆麦蕴藻之香的夜气里。3

那火接近了，果然是渔火；我才记得先前望见的也不是赵庄。那是正对船头的一丛松柏林，我去年也曾经去游玩过，还看见破的石马倒在地下，一个石羊蹲在草里呢。过了那林，船便弯进了叉港，于是赵庄便真在眼前了。

最惹眼的是屹立在庄外临河的空地上的一座戏台，模胡在远处的月夜中，和空间几乎分不出界限，我疑心画上见过的仙境，就在这里出现了。这时船走得更快，不多时，在台上显出人物来，红红绿绿的动，近台的河里一望乌黑的是看戏的人家的船篷。

名师批注

1“点”“磕”“退后”“上前”等描写开船动作的词语，表明了小伙伴们敏捷的驾船技巧和去看社戏的愉快心情。

名师批注

2以动词“踊跃”写山，创造性地赋予了这个词以新的含义，把静物写活了。

名师批注

3在从视觉上领略了江南水乡的夜景之后，作者转而从听觉上描写笛声，从味觉上描写“豆麦蕴藻之香”，将环境衬托得有色有声有味，更有情，既给人一种诗情画意之感，又给即将描述的社戏蒙上了一层仙境般的色彩。

“近台没有什么空了，我们远远的看罢。”阿发说。

这时船慢了，不久就到，果然近不得台旁，大家只能下了篙，比那正对戏台的神棚还要远。其实我们这白篷的航船，本也不愿意和乌篷的船在一处，而况并没有空地呢……

在停船的匆忙中，看见台上有一个黑的长胡子的背上插着四张旗，捏着长枪，和一群赤膊的人正打仗。双喜说，那就是有名的铁头老生，能连翻八十四个筋斗，他日里亲自数过的。

我们便都挤在船头上看打仗，但那铁头老生却又并不翻筋斗，只有几个赤膊的人翻，翻了一阵，都进去了，接着走出一个小旦来，咿咿呀呀的唱。双喜说，“晚上看客少，铁头老生也懈了，谁肯显本领给白地看呢？”1我相信这话对，因为其时台下已经不很有人，乡下人为了明天的工作，熬不得夜，早都睡觉去了，疏疏朗朗的站着的不过是几十个本村和邻村的闲汉。乌篷船里的那些土财主的家眷固然在，然而他们也不在乎看戏，多半是专到戏台下来吃糕饼水果和瓜子的。所以简直可以算白地。

然而我的意思却也并不在乎看翻筋斗。我最愿意看的是一个人蒙了白布，两手在头上捧着一支棒似的蛇头的蛇精，其次是套了黄布衣跳老虎。但是等了许多时都不见，小旦虽然进去了，立刻又出来了一个很老的小生。我有些疲倦了，托桂生买豆浆去。他去了一刻，回来说，“没有。卖豆浆的聋子也回去了。日里倒有，我还喝了两碗呢。现在去舀一瓢水来给你喝罢。”

我不喝水，支撑着仍然看，也说不出见了些什么，只觉得戏子的脸都渐渐的有些稀奇了，那五官渐不明显，似乎融成一片的再没有什么高低。年纪小的几个多打呵欠了，大的也各管自己谈话。忽而一个红衫的小丑被绑在台柱子上，给一个花白胡子的用马鞭打起来了，大家才又振作精神的笑着看。2在这一夜里，我以为这实在要算是最好的一折。

然而老旦终于出台了。老旦本来是我所最怕的东西，尤其是怕他坐下了唱。这时候，看见大家也都很扫兴，才知道他们的意见是和我一致的。那老旦当初还只是踱来踱去的唱，后来竟在中间的一把交椅上坐下了。我很担心；双喜他们却就破口喃喃的骂。我

名师批注

1盼望着看铁头老生翻筋斗，推测铁头老生不肯显本领的缘故，都符合少年的心理，充满童趣；同时也预示着今晚的戏将会留下诸多遗憾。

名师批注

2对大段的文唱十分厌烦，而对有打斗成分的武戏却颇为喜欢，甚至可以从昏昏欲睡中“振作精神”，这样的描写童趣十足，容易引起读者的共鸣。

忍耐的等着，许多工夫，只见那老旦将手一抬，我以为就要站起来了，不料他却又慢慢的放下在原地方，仍旧唱。全船里几个人不住的吁气，其余的也打起呵欠来。双喜终于熬不住了，说道，怕他会唱到天明还不完，还是我们走的好罢。大家立刻都赞成，和开船时候一样踊跃，三四人径奔船尾，拔了篙，点退几丈，回转船头，架起橹，骂着老旦，又向那松柏林前进了。

月还没有落，仿佛看戏也并不很久似的，而一离赵庄，月光又显得格外的皎洁。回望戏台在灯火光中，却又如初来未到时候一般，又漂渺得像一座仙山楼阁，满被红霞罩着了。吹到耳边来的又是横笛，很悠扬；我疑心老旦已经进去了，但也不好意思说再回去看。1

不多久，松柏林早在船后了，船行也并不慢，但周围的黑暗只是浓，可知已经到了深夜。他们一面议论着戏子，或骂，或笑，一面加紧的摇船。这一次船头的激水声更其响亮了，那航船，就像一条大白鱼背着一群孩子在浪花里蹿，连夜渔的几个老渔父，也停了艇子看着喝采起来。2

离平桥村还有一里模样，船行却慢了，摇船的都说很疲乏，因为太用力，而且许久没有东西吃。这回想出来的是桂生，说是罗汉豆正旺相，柴火又现成，我们可以偷一点来煮吃的。大家都赞成，立刻近岸停了船；岸上的田里，乌油油的便都是结实的罗汉豆。

"阿阿，阿发，这边是你家的，这边是老六一家的，我们偷那一边的呢？"双喜先跳下去了，在岸上说。

我们也都跳上岸。阿发一面跳，一面说道，"且慢，让我来看一看罢，"他于是往来的摸了一回，直起身来说道，"偷我们的罢，我们的大得多呢。"3一声答应，大家便散开在阿发家的豆田里，各摘了一大捧，抛入船舱中。双喜以为再多偷，倘给阿发的娘知道是要哭骂的，于是各人便到六一公公的田里又各偷了一大捧。

我们中间几个年长的仍然慢慢的摇着船，几个到后舱去生火，年幼的和我都剥豆。不久豆熟了，便任凭航船浮在水面上，都围起来用手撮着吃。吃完豆，又开船，一面洗器具，豆荚豆壳全抛

名师批注

1前句从视觉角度来写，与来时感到的"仙境"呼应；后句从听觉角度来写，也与来时听到的"歌吹"相呼应。如此行文，共同写出了社戏最后留给"我"的美好印象。

名师批注

2运用了比喻的修辞手法，将航行的船比作"在浪花里蹿"的大白鱼，从正面表现了船行的速度之快。而老渔父们的"喝采"则再一次肯定了小伙伴们高超的驾船技术。

名师批注

3阿发发现自家的豆大得多，就建议伙伴们偷自家的，表现了阿发善良淳朴、憨厚无私的性格特征。

在河水里，什么痕迹也没有了。双喜所虑的是用了八公公船上的盐和柴，这老头子很细心，一定要知道，会骂的。然而大家议论之后，归结是不怕。[1]他如果骂，我们便要他归还去年在岸边拾去的一枝枯柏树，而且当面叫他“八癞子”。

“都回来了！那里会错。我原说过写包票的！”双喜在船头上忽而大声的说。

我向船头一望，前面已经是平桥。桥脚上站着一个人，却是我的母亲，双喜便是对伊说着话。我走出前舱去，船也就进了平桥了，停了船，我们纷纷都上岸。母亲颇有些生气，说是过了三更了，怎么回来得这样迟，但也就高兴了，笑着邀大家去吃炒米。

大家都说已经吃了点心，又渴睡，不如及早睡的好，各自回去了。

第二天，我向午才起来，并没有听到什么关系八公公盐柴事件的纠葛，下午仍然去钓虾。

“双喜，你们这班小鬼，昨天偷了我的豆了罢？又不肯好好的摘，踏坏了不少。”[2]我抬头看时，是六一公公棹着小船，卖了豆回来了，船肚里还有剩下的一堆豆。

“是的。我们请客。我们当初还不要你的呢。你看，你把我的虾吓跑了！”双喜说。

六一公公看见我，便停了楫，笑道，“请客？——这是应该的。”于是对我说，“迅哥儿，昨天的戏可好么？”

我点一点头，说道，“好。”

“豆可中吃呢？”

我又点一点头，说道，“很好。”

不料六一公公竟非常感激起来，将大拇指一翘，得意的说道，“这真是大市镇里出来的读过书的人才识货！我的豆种是粒粒挑选过的，乡下人不识好歹，还说我的豆比不上别人的呢。我今天也要送些给我们的姑奶奶尝尝去……”他于是打着楫子过去了。[3]

待到母亲叫我回去吃晚饭的时候，桌上便有一大碗煮熟了的罗汉豆，就是六一公公送给母亲和我吃的。听说他还对母亲极口夸奖我，说“小小年纪便有见识，将来一定要中状元。姑奶奶，你的

名师批注

[1]在吃完豆后，知道清洗器具，且妥善处理了豆荚豆壳，保证“什么痕迹也没有了”，还想好了如何应对细心的八公公，体现了小伙伴们周全的善后处理能力。

名师批注

[2]六一公公没有责备小伙伴的偷豆行为，只是觉得踏坏了庄稼很可惜，这表现出六一公公的善良、宽厚、爱惜劳动成果。

名师批注

[3]听到“读过书的人”夸自己的豆好吃，竟然完全忘记了偷豆的事，反而“非常感激起来”，这里再次突出了六一公公的慈爱、好客，也进一步点明了“我”对平桥村的喜爱正是由于平桥村村民们的善良可爱。

福气是可以写包票的了。”但我吃了豆，却并没有昨夜的豆那么好。

真的，一直到现在，我实在再没有吃到那夜似的好豆，——也不再看到那夜似的好戏了。1

一九二二年十月。

名师批注

1 戏并没那么好看，豆也很普通，但仍让“我”怀念至今。结尾点明中心，说明真正让我怀念、向往的正是平桥村这片乐土的美好生活。

名师/赏析 Learning

小说名为《社戏》，但在阅读的过程中我们会发现，鲁迅先生用在社戏本身的笔墨可谓寥寥，而在描写与社戏有关的其他方面却用笔颇丰。首先，小说从看现代戏的两次不愉快经历开始写起，由于“中国戏”宣传的是封建腐朽思想，所以“我”每次都看不下去。紧接着，作者才以饱含深情的笔触，写了“我”儿时在平桥村到赵庄看社戏的一段生活经历，但是其中对看戏经过的描写却很简略，而是通过刻画一群农家少年的形象，表现了劳动人民淳朴、善良、无私的美好品德，展示了农村自由天地中充满诗情画意的生活画卷。这与文章开始所写的“我”两次看戏的心情截然不同，如此鲜明的对比，充分表达出作者对自由随性品质的向往与推崇，也表达了他对封建制度腐朽文化的深恶痛绝。

延伸/思考 Thinking

1.简述“我”两次看中国戏的不愉快经历。

2.为什么说平桥村是“我”的乐土呢?

3.“我”在看社戏的过程中一共经历了几次波折？请简要描述。

4.小说的结尾“我”为什么会对社戏念念不忘呢?

延伸阅读

*Reading Extension

/知道更多/ Learn More

辛亥革命

19世纪末的中国，帝国主义的侵略势力进一步加深，清朝的统治阶级日趋腐朽，中国人民生活在水深火热之中。与此同时，中国民族资产阶级开始成长发展起来，出现了资产阶级革命派，其代表人物就是孙中山。

1894年，孙中山联合一些反清志士，在檀香山成立了旨在“振兴中华，维持国体”的兴中会。到1905年，国内又涌现出不少革命团体，孙中山决定将分散的革命力量联合起来，建立统一的革命组织——中国同盟会。同年8月，同盟会在东京召开成立大会，大会推举孙中山为总理，黄兴为执行部庶务，并确立了“驱除鞑虏，恢复中华，创立民国，平均地权”的16字纲领。同盟会还创办了自己的机关报——《民报》，孙中山在发刊词中，将同盟会的革命纲领阐发为以“民族”“民权”“民生”为核心内容的“三民主义”。

同盟会的成立后，孙中山及其战友在很多地方发动了多次武装起义，虽然都以失败而告终，却有力地打击了清政府的腐朽统治，扩大了革命的影响。

1911年10月10日，革命党人在湖北武昌发动起义，揭开了辛亥革命的序幕。起义军迅速夺取位于中和门附近的楚望台军械所，缴获了不少枪支弹药。随后，起义军汇集起来进攻总督署。一夜激战过后，起义军占领了武昌城。很快，汉阳、汉口也被起义军所占领。武昌起义胜利后，各省的革命党人也纷纷行动起来。仅一个多月的时间，全国就有十几个省、地区宣告独立，脱离了清政府。同年12月，宣告独立的各省代表齐集南京开会，选举孙中山为临时大总统。1912年元旦，孙中山到南京就职发表文件，正式宣告中华民国的诞生。1912年2月12日，清朝皇帝溥仪退位，清朝灭亡。

由于1911年为旧历辛亥年，因此历史上将这次革命称为“辛亥革命”。辛亥革命是中国历史上一次伟大的革命，它推翻了清朝的腐朽统治，结束了中国长达二千多年的君主专制制度，使民主共和观念深入人心。然而，由于资产阶级的软弱性和妥协性，辛亥革命的果实最终被北洋军阀的首领袁世凯所篡夺，辛亥革命失败了。

/读后感/ Reflection

“呐喊”下的拷问

每一次翻开案头的那一本《呐喊》，我都仿佛能听到从记忆深处涌出的一声声呼唤，这是鲁迅先生对于“吃人”的社会制度的控诉，更是他笔下那一个个有血有肉的人物对于命运的拷问……

听！跪在香炉前，像个木偶人的闰土在追问，为什么他的生活总是贫苦？明明已经无数次向神明祈祷，无数次许下愿心，可是生活的境遇不但没有改善反而越来越糟！

听！凝视着小栓坟头的老栓还在喃喃自语，为什么人血馒头没有挽回小栓的生命，反而让他早早地与家人和世界永别？

听！囚车里阿Q的“豪言壮语”已经停歇，但是他始终也想不明白，这一次他的“精神胜利法”为什么不能给他带来丝毫的安慰，为什么尚未出口的“救命”竟成了他与世界的永诀？

听！还有那孔乙己垂死的呼喊、狂人“救救孩子”的呼吁……如泣如诉，声声不绝。

或许，鲁迅先生正是听到了这一声声似哭诉、似抱怨、又似疑虑的呼喊，才决定以自己的笔来唤醒旧中国那一个个半睡半醒的魂灵，所以才有了这一篇篇犀利老辣的经典之作，所以我们才可以在中国这头雄狮已经完全觉醒的今天领略先生那一份“哀其不幸，怒其不争”的爱国爱民之情。

（作者　邓佳琦）

真题演练

* Exercises & Testing

一、填空题

1 《自序》中，作者在与金心异谈话时所说的“铁屋子”是指______，“熟睡的人”是指______。

2 《______》是鲁迅的第一篇白话小说，也是现代文学史上的第一篇白话小说。

3 鲁迅笔下的______是“站着喝酒而穿长衫的唯一的人”。

4 在《______》中，鲁迅提到了他弃医从文的经过与目的。

5 《药》是以1907年民主革命英雄______起义为背景，经过艺术加工和典型创造而写成的。

6 在《呐喊》这部小说集中，以人名为题目的小说有：《______》《______》《______》。

7 在《明天》一文中，作者塑造的两个以颜色命名的无赖形象分别是______和______。

8 《一件小事》歌颂了车夫______的高尚品质。

9 《风波》中人物的名字都独具特色，当地人会在生下孩子后用秤称了轻重，然后把______作为孩子的小名。

10 “却见一个凸颧骨，薄嘴唇，五十岁上下的女人站在我面前，两手搭在髀间，没有系裙，张着两脚，正像一个画图仪器里细脚伶仃的圆规。”这段话形容的是______。

11 《鸭的喜剧》实际写的是______的悲剧。

二、问答题

1 在《呐喊》中，狂人、阿Q、孔乙己各有什么典型的语言？请试着各写出一句。

2 《社戏》的结尾“真的，一直到现在，我实在再没有吃到那夜似的好豆，——也不再看到那夜似的好戏了”，表达了作者怎样的情感？

3 在《自序》中，鲁迅所说的他创作《呐喊》的目的是什么？

4 你是怎么理解“希望是本无所谓有，无所谓无的。这正如地上的路；其实地上本没有路，走的人多了，也便成了路”这句话的？

答案

一、填空题

1. 黑暗腐朽的社会　受封建思想毒害的精神麻木的国民
2. 狂人日记
3. 孔乙己
4. 自序
5. 秋瑾
6. 狂人日记　孔乙己　阿Q正传
7. 红鼻子老拱　蓝皮阿五
8. 光明磊落、敢作敢当、关心他人
9. 斤数
10. 杨二嫂
11. 蝌蚪

二、问答题

1. 狂人：我翻开历史一查，这历史没有年代，歪歪斜斜的每叶上都写着“仁义道德”几个字。阿Q：我总算被儿子打了，现在的世界真不像样……孔乙己：窃书不能算偷……窃书！……读书人的事，能算偷么？
2. 作者通过描写偷豆和看戏突出了那夜的生活终生难忘，表达了对乡村少年朋友真挚情谊的怀念。
3. ①唤醒铁屋子里熟睡的人们。②聊以慰藉那在寂寞里奔驰的猛士，使他不惮于前驱。
4. “希望”的有无取决于个人的实践，如果消极等待，希望只能变成失望；只有努力争取，希望才能成真。

学生语文课程
同步阅读书系

CLASSIC LITERATURE

学生语文课程
同步阅读书系

CLASSIC LITERATURE